*"LA MADRE AUSENTE*
*EN LA NOVELA FEMENINA*
*DE LA POSGUERRA ESPAÑOLA:*
*PÉRDIDA Y LIBERACIÓN".*

# "LA MADRE AUSENTE EN LA NOVELA FEMENINA DE LA POSGUERRA ESPAÑOLA: PÉRDIDA Y LIBERACIÓN".

(ESTUDIO DE TRES OBRAS DE CARMEN LAFORET, CARMEN MARTÍN GAITE Y ANA MARÍA MATUTE)

Guadalupe María Cabedo, Ph.D.

Número de Control de la Biblioteca del Congreso de EE. UU.:        2013917419
ISBN:                     Tapa Blanda                 978-1-4633-6625-4
                          Libro Electrónico           978-1-4633-6624-7

**Para realizar pedidos de este libro, contacte con:**
Palibrio LLC
1663 Liberty Drive
Suite 200
Bloomington, IN 47403
Gratis desde EE. UU. al 877.407.5847
Gratis desde México al 01.800.288.2243
Gratis desde España al 900.866.949
Desde otro país al +1.812.671.9757
Fax: 01.812.355.1576
ventas@palibrio.com
492342

# ÍNDICE

# INTRODUCCION

La literatura española de posguerra ya se ha analizado mucho, especialmente, en los últimos treinta años. Y afortunadamente muchas de las previamente olvidadas escritoras de posguerra ya se han ido recuperando y estudiando bastante; sin embargo, a nuestro entender, todavía queda mucho por desarrollar. Hoy día, en España, es vital recuperar la labor de la memoria colectiva, para poder ver y entender mejor el pasado, y nosotros queremos contribuir a ello con este estudio; pues, no se puede construir un futuro sin haber reconstruido y entendido el pasado.

En la novela española, y según algunos críticos como Roberto Manteiga et al, "el personaje femenino ha sido, en general, un producto de la mentalidad masculina …. Sin embargo, en el siglo XX, y concretamente después de la Guerra Civil Española (1936-1939), comienzan a aparecer novelas con protagonistas femeninas, que están escritas por mujeres" (1). En realidad, y discrepando con la afirmación de Manteiga, hay una larga tradición de literatura escrita por mujeres y con protagonistas femeninas a lo largo de la historia de la literatura española; y no sólamente a partir de la Guerra Civil. Sin embargo, como nos indica María del Carmen Riddel, "aunque ya había antecedentes de producción literaria femenina en España, ésta no había sido nunca tan abundante" (1).

En este estudio vamos a analizar los temas comunes que vemos representados en las siguientes obras: *Nada* de Carmen Laforet, *Entre visillos* de Carmen Martín Gaite y *Primera memoria* de Ana María Matute. Estas escritoras, a las que la crítica ha incluido dentro de la denominada Generación de Posguerra, conforman una suerte de grupo literario, ya que comparten sus obras una serie de características comunes. Dichos rasgos vienen dados por una temática centrada en las preocupaciones, problemas e inquietudes de las mujeres de su generación. En las tres obras que vamos a estudiar los temas comunes son: la ausencia de la madre, soledad y aislamiento, galaxia femenina y, por último, identidad e independencia.

No es nuestra intención basarnos en una teoría feminista que defienda la existencia de una escritura o estética femenina basada en el hecho biológico de ser mujer. Creemos que existe lo que vamos a denominar literatura de mujeres, pero las coordenadas que las definen vienen dadas por el hecho de ser mujer como constructo social. Es decir, se llega a ser mujer a partir de una serie de factores y condicionamientos socio-históricos. En este sentido, estamos plenamente de acuerdo con los enfoques de críticos como Iris Zavala, Myriam Díaz-Diocaretz, Elizabeth Ordóñez y Mikko Lehtonen, quienes defienden el estudio de una obra literaria desde el punto de vista cultural; es decir, estudiaremos el texto de la obra unido a su contexto histórico, social y cultural. Y también mostraremos algunos acercamientos teóricos sobre los efectos de la ausencia de la madre a través de los estudios de Carol Gilligan, Marianne Hirsch y Nancy Chodorow entre otros, que nos han ayudado a tener una mejor comprensión de lo que estas teorías feministas y psicoanalíticas han aportado a las obras literarias, a través de la historia y, especialmente, a la narrativa femenina de estas autoras de la posguerra que nosotros hemos investigado aquí.

Estudiaremos, también, la obra de estas escritoras como exponente de literatura de mujeres, teniendo en cuenta que el concepto de mujer que vamos a manejar no está basado en una esencia sino en un constructo. Así, compartimos las afirmaciones de Myriam Díaz-Diocaretz:

> La escritura de la mujer no puede estudiarse a fondo sin tomar en cuenta su relación directa con la realidad histórica que prescribe las funciones del rol femenino y con las prácticas discursivas de los ámbitos culturales dominantes. La mujer, entendiendo este término en su dimensión sociocultural, ha llegado a la producción de significado contra/diciendo el poder de las prácticas discursivas de su cultura que no son producto exclusivo del hombre, pero que lo masculino domina a través del sistema de paradigmas del sociolecto patriarcal. (95)

"LA MADRE AUSENTE EN LA NOVELA FEMENINA
DE LA POSGUERRA ESPAÑOLA: PÉRDIDA Y LIBERACIÓN".

9

De este modo, nuestra lectura feminista de estas obras se enmarca en un enfoque o teoría cultural de los textos. A saber, vamos a analizar los temas representados, desvelar los códigos textuales encontrados y estudiar las estrategias narrativas empleadas a la luz de su contexto socio-histórico. Concordamos con Mikko Lehtonen en que

> Each text aways has its context which surrounds and penetrates it both temporally and locally and links it with other texts, as well as with other human practices ... the meanings of texts are ultimately impossible to study detached from their contexts. (110) .... Producing meaning in the interaction of texts and readers is not arbitrary or purely idiosyncratic, namely relating only to an individual or group, but takes place under certain preconditions. These preconditions in turn, are social, cultural and textual. (117)

Es decir, cada texto tiene un contexto unido a él; y por lo tanto consideramos poco productivo estudiar el texto separadamente de su contexto. Las autoras que han escrito estas obras durante la posguerra vivieron la guerra y la posguerra españolas, por lo que obviamente la experiencia personal de sus vidas, en dicho contexto histórico, social y cultural, afectará a la de sus personajes en sus novelas.

Nuestro objetivo principal en este estudio es analizar parte de la obra de las tres escritoras de la posguerra española: Laforet, Martín Gaite y Matute, las cuales comparten una serie de características y temas comunes, que son también compartidos con la narrativa de mujer como constructo social y cultural. Con este análisis queremos demostrar cómo el tema principal de la ausencia de la madre es un tema común y esencial en varias de las obras de estas tres escritoras durante la inmediata posguerra, y especialmente en las tres novelas aquí analizadas; y, también, cómo estas autoras estudiadas pueden encontrar que es más conveniente retratar la rebeldía de sus protagonistas femeninas contra la madre-sustituta que contra la propia madre, dada la idealización que se tiene de la madre, en España, en esta época, y a causa del inconformismo que sentían estas escritoras, y muchísimas más mujeres de la posguerra española, ante el gobierno patriarcal y androcéntrico del franquismo. Por ello, nuestro primer objetivo en esta introducción es describir y analizar el marco socio-histórico de las mujeres españolas durante el franquismo.

Después de la Guerra Civil española, y con la victoria de las fuerzas franquistas, el papel de la mujer cambió bastante en la sociedad española. Las libertades que se habían conseguido con la Segunda

República pocos años antes (1931-36), como el divorcio, la educación
mixta, el voto de la mujer, el trabajo de la mujer en el sector público,
la separación de iglesia y estado, los matrimonios civiles y por lo tanto
la independencia de la mujer hasta cierto punto (con relación a su
familia y a la iglesia) desaparecerían, y la mujer española se quedaría
estancada en una sociedad aún más patriarcal y androcéntrica que
antes de la guerra. Shirley Mangini en su obra *Memories of Resistance*,
nos da muestras de ese "antes" y ese "después" de la guerra civil que
afectó tanto a los derechos de la mujer. Describiendo el "antes"
(durante la Segunda República, 1931-36) nos dice:

> In the 1930s some changes significant to women were
> initiated by the "precociously liberal" and well-meaning
> government. The first authentic social reform that would
> affect women was implemented. Divorce was legalized [....],
> female suffrage became a constitutional right, women gained
> more national attention than ever before. (24)

Y el después (durante los primeros años del franquismo de la
posguerra): "In 1939 all of that suddenly and radically changed. The
Feminine Section took on the task of monitoring the reinstatement of
women as mothers and figures of religious piety .... Fascist machismo
became the overriding philosophy of Franco's Spain" (102).

Efectivamente, las mujeres españolas durante las décadas de los
años 30 y 40 pasaron por una trayectoria que fue de suma importancia
y decisiva para la creación de su propia identidad y su posición en la
sociedad española, "determinando en buena parte a la mujer actual,
con momentos de esplendor, durante la República, y de miseria,
durante el Franquismo, especialmente sus primeros años" (Díez 23).
Anteriormente a la Segunda República (abril de 1931), las mujeres
españolas tenían poquísimos derechos, con relación al hombre, y su
vida dependía totalmente de los hombres de su familia, padre primero
(y si no había, abuelo, tío o hermano) y esposo, después. Durante la
Segunda República (1931-36), y por la influencia de lo que ocurría
en otros paises como Inglaterra o Francia, las mujeres empezaron
a conseguir algunos derechos de igualdad al hombre, gracias a los
partidos políticos de izquierdas (socialistas, comunistas, anarquistas)
y a los movimientos feministas (Agrupación Unión Republicana
Femenina, Mujeres Antifascistas, Mujeres Libres, etc.) que empezaron
a surgir ligados a estos partidos.

"LA MADRE AUSENTE EN LA NOVELA FEMENINA
DE LA POSGUERRA ESPAÑOLA: PÉRDIDA Y LIBERACIÓN".

11

La Constitución republicana (9 diciembre 1931) fue
una pieza importante para el avance de las aspiraciones
femeninas, al reconocer una serie de derechos: igualdad de
sexos y derechos, prohibición de la discriminación laboral,
protección del trabajo de las mujeres, seguro de maternidad,
derecho de voto, y a ser elegible para las mayores de 23
años la reforma de la familia, con el reconocimiento del
matrimonio civil y el divorcio. (Díez 26)

Durante esta época la Iglesia y el Estado estaban separados, pero
la Iglesia Católica seguía teniendo una gran influencia en la mayoría
de las mujeres españolas, que representaban también a más de la
mitad del cuerpo electoral; por lo que muchas mujeres no querían
votar por miedo, o simplemente votaban lo que los curas les decían:
"Desde las filas socialistas se denunciaba el oportunismo político de la
Iglesia por su campaña de proselitismo entre los obreros y las mujeres,
recordándoles constantemente el tradicional antifeminismo de la
Iglesia y su nula defensa de los derechos de la mujer trabajadora" (Diez
27).

Al mismo tiempo que surgían organizaciones de izquierda en
defensa de los derechos de las mujeres, también empezaron a surgir,
en su contra, otros grupos de derechas. El 29 de octubre de 1933
fue fundada la Falange Española por José Antonio Primo de Rivera.
Esta organización política estaba en contra de la República y de los
derechos de igualdad que las mujeres habían adquirido con ella;
pues consideraba que "atentaban contra la familia y las costumbres
tradicionales de la Patria" (Díez 29), y consideraba también que
las mujeres no debían tampoco ser parte de ninguna organización
política. Sin embargo, irónicamente, un año después (1934) esta
misma organización creó en Madrid la "Primera Sección Femenina
de Falange" para prestar ayuda y apoyo a los presos falangistas y a sus
familias. En julio de 1936, y después de una sublevación militar del
general Francisco Franco contra el gobierno de la República, empezó
la Guerra Civil en España y por lo tanto un cambio radical en el país
que afectó obviamente a la situación social de las mujeres.

La política del general Franco, como todos los movimientos
fascistas, era antifeminista; por lo que en seguida se movilizó para parar
los derechos de igualdad que las mujeres españolas habían obtenido
durante la República, y encargó a la Sección Femenina de la Falange
Española que se dedicara a "formar política y socialmente a todas las
mujeres españolas, en todas sus edades -niña, joven y adulta- y campos
de actuación -trabajo, cultura, deportes, educación ... -como misión

exclusiva" (35). Los miembros de la Falange se consideraban los verdaderos liberadores de la mujer, puesto que estaban convencidos de que los republicanos habían "contaminado" negativamente con sus ideas a las mujeres españolas, por lo que era deber de la Falange recuperar y "reconquistar" a sus mujeres; aludiendo así al período de la reconquista de los territorios musulmanes por los cristianos en España, y comparándose ellos mismos con los propios Reyes Católicos que terminaron la reconquista en 1492.

De este modo, la guerra es el principio del final de las libertades alcanzadas hasta ese momento por las mujeres españolas. Poco a poco, las tropas rebeldes del general Franco van "reconquistando", como a ellos les gustaba decir, el territorio español; y todas las mujeres de los territorios ocupados o "reconquistados" "pasan a ser miembros de la Sección Femenina o a depender de las organizaciones por ellas dirigidas que acometen tareas relacionadas con la situación bélica" (E. Jiménez 7). Así pues, la Sección Femenina de la Falange Española, creada en 1934 y con sólo unas 4.000 mujeres, crece rápidamente; y a finales del primer año de la guerra (en octubre de 1936) son ya

> 300.000 las mujeres encuadradas en la Sección Femenina en orden a trabajos como: lavaderos, hospitales, comedores, recogida de niños, etc..... En 1937 se celebra el Primer Consejo Nacional de la Sección Femenina en Salamanca .... Se forman tres delegaciones: 1) Sección Femenina, encargada de la movilización y formación de las mujeres; 2) Auxilio Social y 3) Frentes y Hospitales. (E. Jiménez 7)

Por consiguiente, las mujeres de la Sección Femenina a cargo de su fundadora Pilar Primo de Rivera (hermana de José Antonio, e hija de Miguel Primo de Rivera) y respaldada por el Frente rebelde y la Iglesia Católica serán las encargadas de convencer a las otras mujeres del país de que vuelvan a ser las mujeres, esposas y madres serviciales y sumisas que habían sido hasta antes de la República. "Parroquia y familia son los lugares señalados para las mujeres, y no deben ser olvidados por tareas que son simplemente coyunturales, derivadas del estado de la guerra" (E. Jiménez 8). Y aunque en un principio (1934-36) trabajan en la clandestinidad, a partir de 1936 con la sublevación de las tropas de Franco, su organización empieza a ser ya más pública y abierta, sobre todo en el centro y norte de España, y poco a poco en el resto del país.

La Guerra Civil española termina en la primavera de 1939, y empieza un intenso proceso de ideologización de la población en

"LA MADRE AUSENTE EN LA NOVELA FEMENINA
DE LA POSGUERRA ESPAÑOLA: PÉRDIDA Y LIBERACIÓN".

13

general y de los distintos sectores que la formaban, entre ellos, el colectivo femenino (Díez 37). Terminando así el período eufórico y libre de los derechos de la igualdad de la mujer con el hombre, en España, y que no se volverían a recuperar, prácticamente, hasta el final de la dictadura y muerte de Franco, en 1975. Con Franco en el poder, la inmediata posguerra, la década de los años 40, es una época dura para todos, pero especialmente para las mujeres que pierden su libertad y que están bajo una total sumisión masculina. Y a partir de este momento la Sección Femenina es el único organismo femenino aceptado por el régimen, y siempre bajo el control y supervisión de la rama masculina de la Falange. Sin embargo, muy pronto pasa de ser una sección de un partido a órgano burocrático del Estado; y es la encargada de la enseñanza de la mujer para que vuelva al hogar, al esposo y a los hijos.

De este modo, la mujer que había saboreado las mieles de la libertad, por unos pocos años durante la República, o por lo menos había empezado a conseguir algunos derechos de igualdad con respecto al hombre, de repente, y con el gobierno de Franco, los perdió, y el sabor que le quedó fue el de la frustración, la soledad y la desesperanza, como veremos en las obras de las escritoras mencionadas aquí.

Por otro lado, y para constatar la importancia del contexto histórico, social y cultural que aportaron estas tres autoras en estas tres obras necesitamos mencionar, brevemente, la vida literaria de estas importantes escritoras, así como las tendencias generales de las críticas sobre estas tres obras que estudiamos aquí.

**Carmen Laforet**, nacida en 1921, recibió el primer premio Nadal de literatura en 1945 por su novela *Nada,* novela que la lanzó a la fama, y que representa, de una manera extraordinaria, esos años de la posguerra, vistos desde el punto de vista de su protagonista, una mujer joven y huérfana, Andrea, la cual se va a vivir a Barcelona con su familia materna. Allí Andrea experimenta (en primera persona) esa miseria moral y material que caracteriza a su familia. En esta novela "se llega a la misma racionalización del degradado estado femenino propuesta por Laforet y Matute: la mujer se ha ganado el infierno que tiene que vivir" (Nichols 35). Pero Andrea se rebelará ante su suerte, y se marchará de la casa de su familia para vivir con otra familia amiga suya en Madrid y así intentar una nueva y mejor vida.

La escritora chilena Graciela Illanes Adaro en su obra *Novelística de Carmen Laforet* hace un análisis de todas las novelas escritas por Laforet:

*Nada, La isla y los demonios, La mujer nueva , La insolación* y otros libros de relatos como *La muerta y la llamada.* Y de la novela *Nada* dice Illanes:

> *Nada,* la primera obra de Carmen Laforet, es un producto de su tiempo .... La obra tiene muchas reflexiones de sentido trascendente, porque Carmen Laforet traduce maravillosamente los estados de incertidumbre, de angustia, de inquietud, de embeleso, de expectación, comunes a todos los seres humanos (21) .... Consideramos que la clasificación que más le conviene es la de novela realista psicológica. (41)

Sin embargo, para el crítico Gonzalo Sobejano, *Nada* no es una novela realista psicológica, sino existencial:

> Los representantes de la *novela existencial* vivieron la guerra como adultos y, en su actitud, no se han distinguido precisamente por su solidaridad generacional o ideológica, sino por una errante independencia. Autores principales: dentro de España, Camilo José Cela, Carmen Laforet y Miguel Delibes, cuya temática se centra respectivamente en la enajenación, el desencanto y la busca de la autenticidad. (13)

Y por otro lado, otras escritoras críticas, como Jean Andrews, no califican a *Nada* ni como novela realista psicológica ni como novela existencial, sino que simplemente la consideran la obra literaria más "popular", o famosa, escrita por una mujer, en las letras hispánicas: "In the world of Hispanic letters, Carmen Laforet's first novel, *Nada,* if not her work as a whole, is still the most popular piece of literature by a woman" (13).

**Carmen Martín Gaite**, nacida en 1925, refleja con mucha precisión y detalle, en muchas de sus novelas y ensayos de la posguerra, el papel de la mujer que ella llama de su "generación" (de la generación de la posguerra que le tocó vivir); pero especialmente en su novela, *Entre visillos* (1958), en donde refleja la sociedad provinciana salmantina en la que ella personalmente vivió y creció. *Entre visillos* es el "testimonio desencantado de la limitada vida provinciana y de la falta de pespectivas vitales de las jóvenes, que sienten con angustia el amenazante problema de la soltería" (Sanz 118).

Mirella Servodidio y Marcia Welles en su colección de ensayos sobre la obra de Carmen Martín Gaite, *From Fiction to Metafiction: Essays in Honor of Carmen Martín-Gaite,* consideran que las obras

"LA MADRE AUSENTE EN LA NOVELA FEMENINA
DE LA POSGUERRA ESPAÑOLA: PÉRDIDA Y LIBERACIÓN".

15

escritas por Martín Gaite en la posguerra, y entre ellas *Entre visillos*, están influenciadas por la corriente existencialista de la época; por lo tanto, *Entre visillos* es una novela "existencial", pero también "social": "Inheriting the legacy of the Existential Novel of the forties, Martín Gaite's work has spanned a period of three decades, which has seen the development first of the Social Novel, then of the New Novel, and … the Self-Referential Novel" (Servodidio y Welles 9). En esta misma colección de ensayos, John Kronik hace también un estudio de *Entre visillos*, "A Slice of Life: Carmen Martín Gaite's *Entre visillos*," en el que compara esta primera novela de Martín Gaite con otras novelas de la época, pertenecientes también a la llamada "Novela Social", como *La colmena* o *El jarama*; a causa de la ausencia de un argumento clave en la novela, y la proliferación de personajes principales y secundarios: "it is pointless to search […] for the drama of characters in a novel that, and luster in their humdrum lives. As with *La Colmena* or *El Jarama*, the want of a plot line, of solid connecting links, and of psychological penetration is *Entre visillos*' necessary modo of recreation" (50).

**Ana María Matute**. Nacida en 1926, su novela *Primera memoria* (1960) es la primera novela de tres que forman la trilogía llamada *Los mercaderes*. *Primera memoria* es quizás la mejor de esas tres novelas. En ella la protagonista Matía es también huérfana de madre, como Natalia en *Entre visillos*, y también como Andrea en *Nada*, que es huérfana de madre y padre. Matía, como Andrea, también se va a vivir con su familia materna, pero a Mallorca, donde vive el principio de la Guerra Civil, aunque no la entiende, y comparte esas experiencias con su primo Borja. Geraldine Nichols en su estudio sobre las obras de Laforet y de Matute nos dice de ellas:

> […] porque sus obras conforman la visión del mundo que las epígonas heredaron y contra la cual se rebelaron. *Nada* y *Primera memoria* presentan un mismo mundo degradado y alegan que su deterioro ha sido un efecto, en última estancia, de la debilidad femenina. Así se explica la coincidente disminución de sus protagonistas, que conforme se van haciendo mujeres, más culpa tienen que expiar. ( 28)

Según Gonzalo Sobejano, Ana María Matute y Carmen Martín Gaite pertenecen al grupo de los escritores de la posguerra que escribían la Novela Social, dominante en los años 1950. "Los representantes de ella, niños durante la guerra y educados en una España monocroma y uniforme, se revelan más solidarios que sus antecesores" (15-16); y dentro de este grupo pertenecen al llamado, por Sobejano, "novela estructural"; pues uno de los denominantes comunes entre ellas dos es que en sus obras hay un continuo "reconocimiento de la problemática social desde el punto de vista de la persona (Ana María Matute, Carmen Martín Gaite, más que otros que, por su especial significación, vienen a constituir lo que he llamando novela estructural)" (16).

Nosotros, en este estudio, concordamos con las críticas que sobre estas autoras y obras han hecho, en lo que concierne a agruparlas en el grupo de "mujeres escritoras de la posguerra española" que tratan ciertos temas y características comunes en sus obras. No es nuestra intención, aquí, clasificar de nuevo a estas escritoras en ningún otro grupo literario (existencialista, neorealista o novela social, etc.); pues creemos que ya se ha hablado y estudiado mucho al respecto.

Sin embargo, lo que nos ha interesado investigar y demostrar, en este estudio, es cómo estas tres autoras, y en estas tres novelas en particular, coinciden en muchos temas y características en sus novelas y, especialmente, en el tema de la madre ausente. Tema esencial para nosotros, en estas novelas, que conecta los otros temas discutidos aquí, y que consideramos que está influenciado por el contexto histórico, social y cultural de la posguerra española en el que crecieron y maduraron las tres autoras de este estudio.

Laforet, Martín Gaite y Matute son escritoras que usaron sus novelas y sus personajes, especialmente los personajes femeninos, para demostrar el problema de discriminación cultural, social y personal de la mujer de la posguerra con respecto al hombre, al vivir bajo un régimen fascista, patriarcal y androcéntrico.

De este modo, para conseguir su propósito, las autoras utilizan a personajes principales femeninos que son huérfanas de madre y/o padre. El vacío que produce la madre ausente es un vacío de modelo de mujer a seguir; pues en nuestra opinión, las autoras rechazan el modelo de mujer esposa obediente y madre abnegada que la sociedad patriarcal de la época exige; y este vacío producido por la ausencia de la madre provocará al mismo tiempo soledad y liberación, en las protagonistas.

Para el estudio de estas tres novelas, y en el que mostraremos la relevancia y significancia del tema de la ausencia de la madre, en el contexto histórico, social y cultural de la posguerra española, lo hemos dividido en cuatro capítulos que representan cuatro de las características y temas comunes que encontramos en estas tres obras, y que se conectan entre ellos por la relevancia del tema de la ausencia de

"LA MADRE AUSENTE EN LA NOVELA FEMENINA
DE LA POSGUERRA ESPAÑOLA: PÉRDIDA Y LIBERACIÓN".

17

la madre, que tienen las tres protagonistas femeninas principales, y en el mismo contexto histórico, social y cultural. Dichos capítulos son:

**I- La Ausencia de la Madre.** Orfandad de las protagonistas, de madre y/o padre. Vacío de un modelo ideal de madre a seguir.

Este primer tema común, de la "ausencia de la madre," es el principal tema de nuestro estudio y estará relacionado siempre con el resto de los temas y características de los otros tres capítulos. Las protagonistas femeninas de estas tres obras estudiadas no tienen madre. Son jóvenes (incluso niñas) y huérfanas que, aunque viven con sus familiares, no tienen un modelo ideal de madre a seguir. Andrea, en *Nada,* es huérfana de madre y de padre a causa de la guerra. Los primeros años de su adolescencia los pasa con alguien de la familia de su padre (una prima), pero que no puede, ni sabe (como dice su tía Angustias) educarla bien. Natalia, en *Entre visillos,* tampoco tiene madre. Su tía y sus dos hermanas mayores le hacen el papel de madre, pero no el que a ella le gusta. Su madre murió al nacer ella, por lo que no la ha conocido nunca; y aunque de pequeña no la echaba de menos, ahora, de adolescente, empieza a desear tenerla con ella, ya que su padre le dijo que ella, Tali, era "salvaje" como su madre. Matía, en *Primera memoria,* tampoco tiene madre, y su padre está en la guerra, pero en el "otro lado" peleando a favor de los republicanos. Matía ha sido también educada por una criada de su padre (Mauricia) desde los 9 años y hasta ahora en su primera adolescencia por una criada y en un pueblo pequeño. Para su abuela, ella ha estado "sin civilizar" por unos años, y hay que cambiar eso.

En este capítulo veremos cómo y porqué las tres autoras estudiadas aquí rechazan el modelo de mujer-esposa-ama de casa y madre que tradicionalmente aparece en esta sociedad patriarcal de la posguerra española; es decir, el modelo del "Angel del Hogar" descrito, en el siglo XIX, por Pilar Sinués, en donde se recomienda a las madres que enseñen a sus hijas a servir a sus maridos y a sus hijos: "La instrucción de la mujer debe estar reducida únicamente a sentir, a amar a su esposo e hijos y a saber educar a sus hijas para que sean lo que ellas deben ser: buenas esposas y buenas madres" (184). Y también mostraremos cómo el contexto socio-cultural de la época, así como la propia experiencia personal de las autoras, afectan y se relacionan continuamente con las protagonistas y los acontecimientos que ocurren en la obra.

La orfandad materna de las protagonistas de estas obras, que viven en una sociedad tan patriarcal y androcéntrica como es la de la posguerra española, hace que estas niñas-adolescentes se sientan continuamente solas y diferentes al resto de las mujeres, lo que les produce sufrimiento y tristeza hasta el punto de cuestionar su existencia. De este sufrimiento y aislamiento será de lo que hablaremos en el capítulo dos de nuestro estudio.

**II-Soledad y Aislamiento.** Repliegue de la mujer en espacios interiores/exteriores, física y/o emocionalmente.

Las tres protagonistas femeninas principales de estas tres novelas estudiadas aquí se sienten solas, y aisladas de la familia y la sociedad. No sólamente se sienten solas porque son huérfanas, lo que justifica esa soledad física; sino que también se sienten solas interiormente, porque no saben o no pueden luchar contra esa marginación, con respecto al hombre, en la que viven durante la guerra y posguerra. Algunas de ellas, como Andrea en *Nada,* salen de sus casas para poder sobrellevar su soledad. Andrea se va a vivir con su familia materna a Barcelona para poder estudiar en la universidad y en busca, en cierto modo, del calor familiar; pero muy pronto se da cuenta de que ella no importa a nadie allí, y se autoaísla de ellos. El dinero que recibe de su orfandad, en vez de usarlo para ella, muchas veces lo usa para comprarle regalos a su amiga Ena y a la familia de ésta. Es como si quisiera comprar su cariño, y así el de la familia de ésta; pues, en cierto modo, es la familia que a ella le gustaría tener. Matía en *Primera memoria,* tampoco tiene hermanos y ha perdido a su madre antes de la guerra. Ahora vive con su abuela, una tía y un primo; pero no le dan muestras de cariño. Matías se siente sola, aunque viva con gente, por lo que intentará salir de casa todo lo que pueda, o se refugiará en su muñeco Gorogó y en sus cuentos de hadas, para escapar de la opresión que siente en su casa. Manuel será su verdadero amigo, pero ella tendrá que ser la que va siempre a buscarlo a él. Otras protagonistas, aunque tienen familia, se sienten también solas y abandonadas por su familia. Natalia en *Entre visillos,* no se identifica con nadie de su familia, se siente abandonada o apartada como un mueble más de la casa. Sus hermanas y su tía la ignoran; pues es la pequeña, y su padre deja que sean ellas las que se encarguen de Natalia. Su única amiga, Gertru, también la abandona por un novio. Natalia vive rodeada de su familia y de amigos, pero se siente sola y diferente a ellos, se siente "rara," por lo que se refugiará en su diario, sus estudios y sus conversaciones con su profesor de alemán.

En este capítulo veremos cómo y porqué muchos de estos personajes femeninos se encierran en sí mismas, refugiándose solamente en la lectura de libros, la escritura, su habitación, y la calle. Se convierten en "chicas raras," como dice Martín Gaite en su obra

"LA MADRE AUSENTE EN LA NOVELA FEMENINA
DE LA POSGUERRA ESPAÑOLA: PÉRDIDA Y LIBERACIÓN".

19

*Desde la ventana,* hablando también de las protagonistas femeninas de algunas de sus obras, y de las de algunas de sus coetáneas escritoras como Laforet y Matute:

> Este paradigma de mujer, que de una manera o de otra pone en cuestión la "normalidad" de la conducta amorosa y doméstica que la sociedad mandaba acatar, va a verse repetido con algunas variantes en otros textos de mujeres como Ana María Matute, Dolores Medio y yo misma. Y por ser Andrea ... (se refiere a *Nada,* de Laforet) ... el precedente literario de la "chica rara," en abierta ruptura con el comportamiento femenino habitual en otras novelas anteriores escritas por mujeres, es por lo que interesa analizar los componentes de su rareza, relacionándolos con la época en que este tipo de mujer empieza a tomar cuerpo. (111-12)

Es decir, para Martín Gaite la razón por la que estas protagonistas (Andrea, Matía y Natalia) son "chicas raras," que se aíslan del resto de la gente, hay que buscarla en la época en la que vivieron, la época de la posguerra franquista; "son chicas raras y su comportamiento está presidido por el inconformismo" (113).

La época en que les ha tocado vivir es asfixiante y deprimente; pero la ausencia de sus madres es también la causa de su soledad y tristeza. Andrea se pasa el tiempo en la calle, caminando aunque llueva, pues allí es más feliz que en su casa. Natalia prefiere quedarse en casa, con sus libros. No le gusta ir a los sitios donde van sus amigas o sus hermanas porque se siente todavía más alienada. Matía prefiere a su muñeco Gorogó, y a la vista del mar desde cualquier rincón de la isla donde vive. Una isla física, pero también emocional; pues está separada de la península y de los únicos lazos de cariño que Matía tenía allí. La joven se siente aislada de los miembros de su familia, con quien vive ahora, porque la rechazan al considerarla una "rebelde," y diferente a los demás miembros de la familia.

De este modo, la importancia de la orfandad materna de estas protagonistas, y los modelos positivos y/o negativos de mujer a seguir durante la posguerra, hace que las protagonistas busquen directa o indirectamente un modelo de mujer entre las mujeres que conocen y rodean sus vidas; por lo que vemos una gran variedad de personajes femeninos en estas novelas con unas relaciones, entre ellas, muy variadas. Esta gran variedad de personajes femeninos y sus relaciones entre ellas nos llevará al tercero de nuestros temas, la Galaxia Femenina.

**III-Galaxia Femenina.** Abundancia y relevancia de los personajes femeninos y marginalidad e irrelevancia de los personajes masculinos.

En este capítulo mostraremos el tema de la situación marginal de la mujer de la posguerra con respecto al hombre, a través de una mayoría de figuras femeninas, que representan, en general, el orden patriarcal y la represión de la época; y una minoría de figuras masculinas que, casi todos ellos, representan ese mismo orden patriarcal. Para ello, estas novelistas presentan una gran galaxia de personajes femeninos que son, en general, más variados y relevantes que los personajes masculinos de las mismas obras. La mujer es la protagonista de al menos estas tres obras elegidas en este estudio y de muchas otras más obras de estas autoras (Zazu, protagonista de *Pequeño teatro,* o Valva, protagonista de *Los Abel,* de Matute, y Marta, protagonista de *La isla de los demonios,* de Laforet, por ejemplo). En la sociedad patriarcal de la posguerra española, representada en estas obras, hay muchas figuras femeninas que perpetúan un *status quo* que es anti-mujer (tía Angustias, Doña Práxedes, tía Concha); sin embargo, en las mismas obras, hay relativamente pocas figuras masculinas que perpetúan dicho *status quo* (Borja, Angel), y otros pocos, también, que no lo hacen ( Manuel, Pablo Klein). *Dicho status* quo patriarcal y androcéntrico se ve reflejado en el contexto histórico, social y cultural de estas obras, y del que no se pueden separar.

Como contexto histórico, y para comprender mejor cómo vivía la mujer en tiempos de la posguerra en la sociedad española nos referiremos aquí al ensayo de Carmen Martín Gaite, *Usos amorosos de la postguerra española,* en el que la autora, entre otras cosas, nos habla de tres entidades que afectaban enormemente a la mujer en dicha sociedad: el Gobierno, la Iglesia y la Sección Femenina de la Falange, que era una rama política de la Falange española y que fue aceptada y promulgada por el gobierno de Franco y por la Iglesia Católica: " porque era una organización totalmente antifeminista y porque seguían las reglas que para la mujer deseaban el gobierno y la Iglesia" (40). De este modo, estas tres entidades, arriba mencionadas, junto con los propios padres o tutores, dominaban la vida y el destino de las mujeres de la posguerra, y especialmente a las de la clase media y alta mencionadas en estas obras; ya que las mujeres de clase social baja y pobres se veían obligadas a trabajar fuera de casa, por razones de necesidad económica y, aunque sufrían también mucha descriminación de género, no se veían tan obligadas a ser recluidas al hogar. Una gran mayoría de los personajes femeninos de estas obras acepta con devoción o con resignación su papel secundario en la vida, de servidumbre y reclusión; mientras que otras pocas se rebelarán

"LA MADRE AUSENTE EN LA NOVELA FEMENINA
DE LA POSGUERRA ESPAÑOLA: PÉRDIDA Y LIBERACIÓN".

21

e intentarán buscar su independencia del hombre para encontrar su propia identidad. La abuela de Andrea, en *Nada*, vive atemorizada por la reacción de sus hijos, especialmente por su hijo Juan que pega continuamente a su mujer Gloria, y ésta acepta su papel de mujer sumisa a su marido Juan a pesar de su violencia, por lo que la abuela vive siempre temiendo que su hijo Juan mate algún día a Gloria. Otras tienen miedo de la Iglesia: La abuela de Matía, doña Práxedes, no sólo va a misa, sino que hace que toda la familia vaya también. Las hermanas de Natalia o "Tali" en *Entre visillos* van también por las mañanas a misa, para mantener las apariencias, aunque ellas estén más interesadas en otras cosas como en los hombres, por ejemplo.

Muchas de estas mujeres muestran un conformismo y una gran pasividad ante la marginación a la que son sometidas, como algo que tiene que suceder obligatoriamente. En cierto modo es como si ellas mismas tuvieran la culpa de su marginación, como escribe Nichols: "... a) la mujer tiene la culpa de la ruina del mundo y b) quien la hace la paga. Así lo expone el primer libro del texto sacro de la cultura de estas protagonistas, el Génesis" (29). Tía Emilia, en *Primera memoria*, también vive una vida conformista aunque no sea feliz. Ella está enamorada de Jorge, un pariente, pero se casó con Alvaro, porque Jorge no estaba bien visto ante la sociedad. Emilia no se atreve a rebelarse contra su madre y la sociedad, así es que acepta la situación y se conforma.

Al mismo tiempo siempre hay algún personaje femenino, en estas novelas, que no acepta el conformismo de la mujer de esa época. Es la rebelión ante el conformismo, para conseguir la liberación. Este personaje femenino que se rebela ante lo que la sociedad espera de ella normalmente es una mujer joven o adolescente, y con deseos de vivir una vida más libre y con más posibilidades de expansión de la que normalmente tiene o le espera. Andrea se independiza económicamente de la familia de su madre, aunque pase hambre y siga viviendo en la misma casa. Matía va a todas partes con su primo Borja porque la obligan, pero hay momentos en que decide independizarse de su primo e irse con su amigo Manuel. Natalia también se rebela a esa vida conformista de las mujeres de su época. Ella no quiere dejar de estudiar y casarse pronto, como su amiga Gertru, pero tampoco quiere quedarse soltera y viviendo en casa de sus padres a los treinta, como su hermana Mercedes.

En cuanto a los personajes masculinos, hay pocos en relación a la cantidad de personajes femeninos que tienen estas obras. Y aunque haya algunas típicas figuras masculinas que representan la represión tan característica de posguerra antifeminista, como son Juan, tío de Andrea, Borja, el primo de Matía, y Angel, (el novio de Gertru, la amiga de Natalia); también aparecen, y en mayor protagonismo, figuras masculinas que no representan esa represión y antifeminismo. Como por ejemplo Pablo, el profesor de alemán de Natalia, que no sólo es diferente, quizás por ser medio extranjero, a los otros hombres, sino que incluso anima a Natalia a estudiar, a rebelarse contra su padre. Román, el otro tío de Andrea, no es como su hermano Juan; pues aunque tampoco trata demasiado bien a las mujeres, es más aceptado y admirado por ellas. Para Matía, su amigo Manuel es diferente también a sus otros amigos y a su primo. Manuel ayuda a su madre, la cuida y la respeta. Mientras que el primo de Matía, Borja, se burla de su abuela, y sólo se acerca a ella o a su madre cuando le conviene.

La función de esta galaxia femenina es pues, mostrar la gran cantidad de mujeres de diferente situación social de la posguerra que sufrían la represión de la época patriarcal y androcéntrica en que vivían, a través de los tres entes mencionados: el Gobierno, la Iglesia, y la Sección Femenina de la Falange; y cómo la ausencia de la madre en la vida de estas niñas-adolescentes, protagonistas de las novelas, les afectó dramáticamente al no poder encontrar entre toda esa galaxia femenina de personajes, un modelo de mujer que pudieran admirar e imitar.

La soledad y el aislamiento que sienten estas huérfanas protagonistas, por parte de sus familias y/o amigos, las hace ir en busca de una independencia tanto física como interior; pues no quieren ni ser ni pensar como les dice la sociedad en la que viven. Estas mujeres quieren ser independientes y van en búsqueda de una identidad propia, única salida a su angustia existencial. El tema de la identidad propia y de la independencia será el cuarto y último de nuestro estudio.

**IV-Identidad e Independencia.** En búsqueda de una identidad propia y de liberación.

Deconstrucción del mito del amor y del matrimonio.

En este capítulo mostraremos cómo y porqué estas protagonistas femeninas, que no se conforman con lo que la sociedad de la posguerra espera de ellas, viven en busca de una identidad propia y una independencia del hombre (padre, esposo). Estas jóvenes no quieren depender del hombre ni económica ni emocionalmente, quieren liberarse. Desean vivir su propia vida y no la que se les ha asignado. Andrea, en *Nada*, no quiere seguir las reglas que su tía Angustias le dicta, quiere salir cuando quiera y con quien quiera, y tampoco le

"LA MADRE AUSENTE EN LA NOVELA FEMENINA
DE LA POSGUERRA ESPAÑOLA: PÉRDIDA Y LIBERACIÓN".

23

hace caso a su tío Juan, que es que quiere llevar las riendas de la casa. Andrea acabará saliendo de esa casa y familia, pero entrando en otra, la de su amiga Ena, que aunque no es la familia perfecta, sí le da esa independencia que busca. Andrea no se atreve a vivir sola todavía, aunque lo desea; pero lo que sí está claro es que empieza a tener ya una identidad propia. Matía es todavía muy joven y no tiene más remedio que vivir donde la obligan, con su abuela en este caso. Pero muestra sus deseos de independencia con su primo Borja. Borja la rechaza varias veces, y Matía se siente mal. Por eso buscará su independencia de él, con la amistad de Manuel, un muchacho no bien visto por la sociedad, pues aunque es muy buen chico, es un hijo bastardo. Matía, con su actitud independiente, conseguirá irritar a su primo Borja, que por celos de Manuel y rabia de la rebelión de Matía, acabará acusando a Manuel de un falso delito, y éste irá a parar a un reformatorio. La independencia buscada por Matía acaba mal, pues tiene como consecuencia el dolor y sufrimiento de su amigo Manuel, y Matía es demasiado cobarde, o quizá demasiado pequeña, para poder o saber enfrentarse a su familia, y defender así a Manuel. Natalia no tiene claro lo que quiere hacer. Sabe que no quiere acabar como sus hermanas, que van a la iglesia todos los días, y a las tertulias ventaneras por las tardes, pero es joven y tiene interés en estudiar. Estudiar es pues, otra manera de independizarse de la familia, y del hombre. Natalia se refugia en sus libros, y en sus charlas con Pablo, el profesor de alemán, y irá dando cuenta de que si es posible otro mundo distinto del que ella vive. Al final, decidirá seguir estudiando, aunque tenga que enfrentarse a su padre por ello. Julia, otra hermana de Natalia, también se independizará del padre, pero lo tiene que hacer a escondidas, yéndose a vivir a Madrid con unos familiares, para así estar cerca de su novio y casarse con él, aunque sea sin el consentimiento paterno. Natalia será la única de la familia que la apoya y la ayuda a marcharse de casa.

En estas obras vemos una constante búsqueda de la independencia del hombre, padre o esposo. La mujer, aquí, no quiere ser como las demás mujeres típicas de la filosofía machista del franquismo. No quiere casarse por obligación social, y si se casa, quiere que sea por amor y no por establecerse económicamente ni para tener una seguridad. En estas novelas en donde la mujer no quiere seguir el modelo trazado para ella por la sociedad de la época, vemos como hay una deconstrucción constante del mito del amor y del matrimonio, por lo que la mujer se rebelará ante estos mitos:

> Each author seems to deploy in her own way a tactic
> whereby stereotyped female attributes or culturally defined

gender roles are turned against dominant discourses and
male supremacy, aare turned into a means of resistance by
exposing and undermining the soft underbelly of authority.
It is subversion through inversion. Domesticity and every
day routine; catholicism or patriarchal monotheism; silence
and passiveness, become sites of resistance, or "shrouded
rebellion" in Catherine Boyle's words, a non-violent refusal to
cooperate or comply with Hispanic patriarchal ideologies and
systems. (Davies 5-6)

Aunque Davies no se refiera específicamente a estas tres autoras,
sí incluye a una de ellas, Laforet, en este comentario. Es decir, es
una rebelión, de parte de las autoras, contra el papel dominante del
hombre en la sociedad de la posguerra española.

Las mujeres protagonistas de estas novelas quieren ser de alguna
manera independientes, económica y socialmente, y diferentes de
lo que han sido sus madres, anteriormente a ellas, con respecto a la
dependencia del hombre. Quieren huir del mundo reservado a las
mujeres (la casa, la cocina, los hijos), para intentar ser parte del
mundo reservado para los hombres (independencia, liberación social).
Las mujeres no siempre se enamoran ni se casan y viven felizmente
toda su vida al servicio del hombre como muestran, por ejemplo, las
novelas rosas de Carmen Icaza ( como: *Cristina Guzmán, profesora de
idiomas*), y quieren hacer creer las instituciones políticas de la época;
sino que para muchas de ellas, el amor no siempre se encuentra o es
simplemente temporal y efímero, y el matrimonio es sólo otra manera
más de subyugo al hombre.

La ausencia de la madre de las protagonistas femeninas de
estas novelas es también un aspecto importante en este tema de la
independencia y la búsqueda de identidad de las protagonistas; pues,
al no tener un modelo de madre ideal que seguir, las protagonistas se
sienten perdidas, buscan primero entre los miembros de sus familias
y/o de sus amistades alguien que sustituya a su madre, pero no
sólamente porque tienen falta de amor, sino también porque necesitan
un modelo que seguir, un apoyo que las guíe en sus vidas, y no lo
encuentran. Independizarse de la figura patriarcal y encontrarse a sí
mismas, teniendo una identidad propia, es como conseguir ser ellas
mismas sus propios modelos de madre ideal. La madre está ausente,
pero la motivación y rebeldía, de las protagonistas, están presentes.

# CAPITULO -I-

**I- LA AUSENCIA DE LA MADRE.** Orfandad de las protagonistas, de madre y/o padre. Vacío de un modelo ideal de madre a seguir. Pérdida y liberación.

Las tres autoras que estudiamos aquí, Laforet, Martín Gaite y Matute, son mujeres que vivieron la guerra civil española siendo niñas, y la posguerra siendo adolescentes. Sus vidas tienen muchas similaridades (fecha de nacimiento aproximada, les gustaba leer y escribir desde muy niñas, …etc), pero lo que tienen aún más de similar entre ellas son algunas de las características o temas más importantes de sus obras, que son compartidas con la narrativa de mujer como constructo social y cultural. Las tres novelas de estas narradoras que estudiamos aquí: *Nada* de Carmen Laforet, *Entre visillos*, de Carmen Martín Gaite y *Primera memoria*, de Ana María Matute, resaltan por coincidir en, al menos, cuatro temas importantes que nos ayudan a comprender la vida que tenían que llevar la mayoría de las mujeres de la sociedad patriarcal y androcéntrica del régimen totalitario y fascista del general Francisco Franco, especialmente durante los primeros años de la posguerra española. De estos cuatro temas que estudiaremos en esta monografía, el tema de la "ausencia de la madre" es el más importante para nosotros; pues es precisamente la pérdida de la madre de las protagonistas de estas novelas lo que motivará que estas niñas-adolescentes cuestionen, de una manera más profunda, sus vidas como mujeres en una sociedad patriarcal y católica, como es la sociedad española de la posguerra, y deseen desesperadamente librarse de las ataduras que el hombre de esta sociedad ha creado para ellas.

Las jóvenes protagonistas de estas obras buscan un modelo de mujer a seguir distinto a los dados por una sociedad tradicional y patriarcal; ellas buscan un modelo basado en las relaciones con otras mujeres como solidaridad femenina y de consuelo. Las autoras mencionadas no están conformes con el modelo de mujer, del "Angel del hogar" de Pilar Sinués, establecido por la sociedad patriarcal de la época, y defendido y promulgado por la Sección Femenina de la Falange, que se encargaba de adoctrinar a las mujeres de la posguerra como ángeles del hogar: "Esa mujer, barriendo su casa, mullendo su lecho, es, á mis ojos, la mayor poetisa de nuestros dias, porque es la mas sufrida y virtuosa" (Sinués 182-3). Por eso, para no confrontar a las protagonistas con sus propias madres, las autoras prefieren, en estas obras, a protagonistas femeninas huérfanas. Pues, de este modo al rebelarse contra otras figuras femeninas, modelos patriarcales ofrecidos por el franquismo, no se rebelarán contra sus propias madres, que son quienes les han dado la vida y con quienes normalmente se tiene un lazo muy profundo de amor y un sentimiento de admiración y de ideal femenino; sino que, por el contrario, al no existir estas madres naturales, las protagonistas se rebelarán contra sus madres-sustitutas (tías, abuelas o hermanas mayores), con quienes no hay necesidad de que exista ese lazo de amor y admiración. Y por lo tanto, esta rebelión no parecerá tan escandalosa al lector de la posguerra; sino que incluso, para el lector de la época, esta rebelión de estas jóvenes parecerá la actitud más apropiada y lógica que puedan tener las protagonistas.

Para entender mejor la razón por la que nuestras autoras eligen el tema de la orfandad de sus protagonistas necesitamos indagar en otros estudios de crítica literaria y feminista que investigan y tratan el tema.

Marianne Hirsch en su obra *The Mother/Daugher Plot. Narrative, Psychoanalysis, Feminism*, hace un estudio sobre la relación de madres e hijas en la narrativa de mujeres anglosajonas del siglo XIX, y dice:

> Mothers and maternity are represented in the work of women writers.... mothers tend to be absent, silent, or devalued"

Efectivamente, Hirsch ha encontrado ya esta ausencia de la madre en obras de autoras de habla inglesa del siglo XIX y principios del XX, pues fueron autoras que también vivieron en una sociedad patriarcal y con la que no estaban de acuerdo. Por lo que estas

"LA MADRE AUSENTE EN LA NOVELA FEMENINA
DE LA POSGUERRA ESPAÑOLA: PÉRDIDA Y LIBERACIÓN".

27

autoras anglosajonas ya prefirieron en su día prescindir de la figura materna en sus obras para que sus heroínas desarrollasen más los lazos fraternales, en busca de una identidad propia, que los lazos maternales, que las devolvían al pasado opresor de las mujeres. Así pues, el deseo de salir de ese conflicto, del pasado opresor, y de no repetir los modelos de madre patriarcal que han conocido, es común en estas autoras anglosajonas; y por esta razón podemos aplicar la idea de Hirsch a la literatura escrita por mujeres en la posguerra española.

Nuestras autoras son del siglo XX y de España, pero lógicamente nos imaginamos que también leerían a estas autoras anglosajonas, y probablemente aplicaron, de alguna manera, estos modelos literarios de mujer a sus propias obras. No queremos decir aquí en absoluto, que Laforet, Martín Gaite y Matute escribieron sus obras queriendo imitar a las autoras anglosajonas mencionadas, sino que probablemente estas autoras estudiadas por Hirsch y otros autores europeos, influyeron de algún modo, mayor o menor, consciente o inconscientemente, a las tres narradoras españolas de nuestro estudio. La lucha de la mujer por la igualdad con el hombre no es algo reciente, sino que podemos encontrarla ya en la literatura desde la antigüedad, al igual que la ausencia de la madre.

> In the modernist period, the story of Demeter and Persephone enables the outlines of a different female family romance. And the figures of Jocasta, Clytemnestra, and Demeter suggest some reasons for the absence of a maternal subjectivity in contemporary feminist fiction. (Hirsch 29)

Es decir, las historias mitológicas de Deméter (Diosa de la agricultura y la fertilidad) y su hija Perséfone (Diosa de los infiernos), que simbolizan la primavera y la maternidad, y las figuras mitológicas de Yocasta (madre y esposa de Edipo) y Clitemnestra (madre de Electra y Orestes, que la mataron), han sugerido algunas razones para la ausencia de la subjetividad maternal en la narrativa feminista contemporánea, como por ejemplo el odio de la hija hacia la madre, (Electra hacia Clitemnestra), por celos del amor al padre.

Así pues, para Hirsch, las relaciones entre madre e hija de la mitología griega han sido usadas como ejemplos de temas desarrollados en obras escritas por mujeres, europeas y norteamericanas, tanto en el siglo XVIII como en el XIX. Y el tema específico de la ausencia de la madre, que nos interesa aquí, ha sido usado principalmente en la literatura escrita por estas mujeres del siglo

XIX. Estas mujeres sufrieron, de diferentes maneras y en diferentes contextos socio-políticos y culturales, las instituciones patriarcales del país y de la época en que vivieron; y mostraron su desacuerdo a través de las obras que escribieron. Estas autoras no deseaban seguir el modelo de madre que aceptaba una sociedad patriarcal como Electra (hija de Clitemnestra y Agamenón, a quien adoraba, y por venganza del cual hizo matar a su madre); sino que preferían rebelarse contra ese modelo patriarcal como Antígona (hija de Edipo y Yocasta, y que se rebela contra el patriarquismo dando sepultura a su hermano Polinices, en contra de lo dispuesto por su tío Creonte, rey de Tebas) (Hirsch 30-31). Y para ello estas narradoras anglosajonas preferían, según Hirsch, que la madre de sus protagonistas femeninas estuviera muerta o ausente en la obra:

> "Women writers' attempts to imagine lives for their heroines which will be different from their mothers' make it imperative that mothers be silent or absent in their texts. (34)
> (El intento de las mujeres escritoras de imaginar las vidas de sus heroinas diferentes a las de sus madres, hace que sea imperativo que las madres estén silenciosas o ausentes en sus textos, y que éstas se queden en el pre-argumento de la obra, como objetos de deseos y como ejemplos que no se deben imitar).

Por lo que ya desde la literatura de la antigua Grecia y la literatura anglosajona del siglo XIX aparece el rechazo de las hijas a querer ser como la propia madre y sufrir las consecuencias de ser mujer en un mundo dominado por los hombres.

Ruth El Saffar en su artículo "In Praise of What is Left Unsaid:Thoughts on Women and Lack in Don Quijote" encuentra también que hay una obvia e interesante ausencia de la madre en la primera parte de Don Quijote, obra de Cervantes del siglo XVI, y también en obras de escritores contemporáneos a Cervantes:

> the "distressed damsels," Don Quixote feels called upon to protect seem vulnerable only in their isolation from the mother principle. Mothers are conspicuous by their absence as much in Part I of *Don Quixote* as in the literary and dramatic works of Cervantes' contemporaries .... By taking the position that he hopes to protect the daughter, Don Quixote is simultaneously affirming and lamenting

"LA MADRE AUSENTE EN LA NOVELA FEMENINA
DE LA POSGUERRA ESPAÑOLA: PÉRDIDA Y LIBERACIÓN".

29

the mother's absence .... Don Quixote's contrasting of that
Golden Age, when the dominant female figure was imaged
as an all-nourishing mother, with the age of iron, in which
she apperars as a vulnerable maiden, carries fascinating
psycho-mythological implications. (210-11)

Así pues, Don Quijote se siente con la obligación de proteger a la
muchacha porque no tiene una madre que la proteja. Y al tomar esta
posición de protección de la hija, Don Quijote afirma y lamenta, al
mismo tiempo, la ausencia de la madre. Pues en Don Quijote hay un
contraste de lo que es la madre en diferentes épocas. En el Siglo de
Oro la madre se representaba por una figura femenina dominante que
nutría en todo a sus hijos (alimentos, educación, religión), mientras
que en la época medieval, las figuras femeninas son representadas por
doncellas ingénuas, débiles e indefensas, y por esta razón Don Quijote,
imaginándose vivir en la época medieval, se sentía obligado a proteger
a las indefensas doncellas. El hecho de estar la madre ausente en la
vida de estas doncellas hace mucho más necesario, en la obra, que Don
Quijote sea su protector.

De este modo, hemos visto como el tema de la ausencia de la
madre no es algo nuevo de la literatura del siglo XX, ni de España;
sino que ya en la mitología griega, como en el siglo XVI en España
y los siglos XVIII y XIX en Inglaterra y en los Estados Unidos, se ha
encontrado esta temática en la literatura, y especialmente en la
narrativa de mujeres, tan importante para nosotros en este estudio.

Por consiguiente esta madre ausente, en las obras de Laforet,
Martín Gaite y Matute, es el principal tema de nuestro estudio; en el
que mostraremos la relevancia y significancia del tema de la ausencia
de la madre en el contexto histórico, social y cultural de la posguerra
española, y la relación de este tema principal con los otros temas
estudiados y bajo el mismo contexto de posguerra.

Las protagonistas femeninas de estas tres obras no tienen madre.
Son jóvenes (incluso niñas) y huérfanas que, aunque viven con sus
familiares, no tienen un modelo ideal de madre a seguir. Andrea,
en *Nada,* es huérfana de madre y de padre a causa de la guerra. Los
primeros años de su adolescencia los pasa con alguien de la familia
de su padre, pero que no puede, ni sabe educarla bien, por lo que su
tía Angustias será la madre-sustituta de Andrea, ahora que vive con su
familia materna. Natalia, en *Entre visillos* tampoco tiene madre. Su tía
y sus dos hermanas mayores le hacen el papel de madre, pero no el
que a ella le gustaría, por lo que se rebela continuamente contra ellas

y la sociedad que ellas representan. Matía, en *Primera memoria*, tampoco tiene madre, y su padre está en la guerra, pero en el "otro lado," peleando a favor de los republicanos. Matía ha sido también criada durante cuatro años y hasta ahora en su primera adolescencia por una criada y en un pueblo pequeño. Para su abuela, ella ha estado "sin civilizar" por unos años, y hay que cambiar eso. La abuela de Matía, Doña Práxedes, será ahora su madre-sustituta, aunque a Matía no le guste nada su propia abuela.

En nuestra opinión, las autoras estudiadas aquí rechazan el modelo de mujer-esposa-ama de casa y madre que tradicionalmente aparece en esta sociedad patriarcal española, de la guerra y posguerra civil española. Es decir, el modelo de mujer como el del "Angel del hogar" descrito por P. Sinués, en el siglo XIX; en donde se recomienda a las madres que enseñen a sus hijas a amar y a servir en todo a sus maridos y a sus hijos (184).

Este modelo de mujer casada, que obedece sin objetar al marido y que se pone en un segundo lugar de autoridad en la familia, no es el modelo de madre que estas autoras quieren mostrar en sus obras. Por eso, es casi mejor que sus protagonistas no tengan madre, que sean huérfanas de madre, para así tener, en cierto modo, una excusa válida y comprensible para las protagonistas sean diferentes, se rebelen contra sus madres-sustitutas y consigan su liberación del hombre.

El comportamiento rebelde de Matía es excusado por su abuela, doña Práxedes, por el hecho de ser una niña huérfana de madre y haber vivido un tiempo con criados que la consentían, y no la educaban como se tenía que educar a una niña bien. Andrea es también acusada por su tía Angustias de ser demasiado independiente, y lo atribuye al hecho de que es huérfana, y que la familia de su padre, con quienes había vivido hasta entonces, no ha sabido educarla como es debido. Y finalmente, Natalia, al ser la pequeña de tres hermanas, y además llevarse bastante edad entre ella y sus hermana, es la mimada de la familia, y ni su padre ni su tía insisten mucho en educarla más tradicionalmente como a sus hermanas mayores; pues, por haberse quedado huérfana de madre tan pequeña, sienten lástima de ella y le consienten ser así.

La ausencia de las madres de estas protagonistas es una de las razones principales de que éstas sean unas protagonistas alienadas en la sociedad de la época. Y, como María del Carmen Riddel dice,

> las protagonistas son, como las autoras, diferentes y están más desconectadas de lo normal del grupo social.... A la

"LA MADRE AUSENTE EN LA NOVELA FEMENINA
DE LA POSGUERRA ESPAÑOLA: PÉRDIDA Y LIBERACIÓN".

31

protagonista le falta el eslabón afectivo de la madre que
facilitaría la transición a la edad adulta y que contribuiría a
la asimilación del individuo femenino. Es más, las novelas no
muestran un personaje que persigue activamente sus posibles
propios intereses sino un personaje que se defiende de lo que
el mundo le impone. (69)

De este modo, una importante razón por la que estas protagonistas
son diferentes al tipo ideal de mujer-joven-tradicional, propuesto
por el franquismo, es porque son huérfanas de madre y no han
crecido, ni han sido educadas adecuadamente, según la política
social de la época. Estas jóvenes pasan de una aparente feliz niñez
a una dramática madurez en la que no se encuentran a gusto, y por
lo tanto rechazan, la falta de una guía maternal adecuada, hace que
estas muchachas se sientan raras y diferentes a las demás muchachas
de su edad y vida social. La edad de las protagonistas de las tres obras
estudiadas van desde la niñez-adolescencia (Matía, 12 y 14 años),
la plena adolescencia (Natalia, 16 años) y el final de la adolescencia
(Andrea, 18 años). Es decir, la edad más importante para la formación
de la mujer y que dependerá totalmente del contexto histórico, social
y cultural de su país y de su familia, especialmente de la madre que
simboliza el ideal de mujer a seguir.

A estas tempranas edades las jóvenes adolescentes están
formándose en la manera de pensar y actuar que tendrán en su edad
adulta, por lo que buscan, ansían y se amparan en un modelo de mujer
a seguir, que esté cerca de lo que ocurre en sus vidas cotidianas. Por
esta razón la madre suele ser el primer modelo que imitan, y a falta
de ella, imitan, siguen o aprenden del modelo de madre-sustituta que
tengan más cerca de ellas:

la etapa formativa de la vida femenina que antecede a la
edad adulta. Su formación es crucial, ya que en estos años
se forjan el carácter y la personalidad, y se establece la raíz
de los conflictos que en la juventud cristalizará en la diatriba
entre ser asimilada por la cultura oficial o imponerse a ella,
en nombre de principios subversivos que procuran el cambio
minando la estructural social.
(Mayans 13-14)

Esta etapa de la vida de la mujer, que comenta María Jesús Mayans,
es la más delicada en cuanto a influencias y modelos a seguir. Y por

ello, tener una madre que proporcione un buen modelo de futura mujer en la sociedad a imitar, parece ser algo muy importante para las autoras de estas obras mencionadas. En ellas, las jóvenes adolescentes españolas carecen de un buen modelo de mujer independiente y segura de sí misma a seguir, que las jóvenes más modernas y menos tradicionales desean, como nos dice Martín Gaite en su obra *Usos amorosos de la postguerra española* (49); ya que la sociedad y la familia, en general, sólo les dan el modelo tradicional, de mujer sumisa y obediente al hombre y marido, católica devota a la iglesia y servicial a la patria. Ese no es el modelo que estas autoras parecen querer para las protagonistas de sus obras, y por ello, en nuestra opinión, ellas proponen que sus protagonistas no tengan madre. La madre verdadera, la que podría haber sido la mujer ideal, y haber guiado a estas jóvenes protagonistas en su transformación al mundo de los adultos, está ausente.

Las madres de las tres protagonistas (Matía, Natalia y Andrea) de las novelas estudiadas aquí, han muerto antes de que empezase el argumento de dichas novelas. Las autoras, Matute, Martín Gaite y Laforet, han querido que sus heroínas tuvieran una vida diferente a la que tuvieron sus madres, y para eso es necesario que no existan; para que así las protagonistas no tengan que emular el ejemplo de sus madres, que vivieron bajo la opresión y autoridad patriarcal, como dice Marianne Hirsch (34).

Hirsch estudia también, en esta obra, la construcción de la feminidad en el discurso entre madres e hijas, dentro de un contexto patriarcal; como el que nos interesa aquí.

Este libro es sobre la mujer y sobre las mujeres, sobre las construcciones de la feminidad en los discursos de madres e hijas. Y dentro de ello, yo exploro esos discursos dentro de los contextos patriarcales.

Así pues, Hirsch explora el discurso dentro de un contexto patriarcal muy común en la sociedad del siglo XX, que hace que las mujeres vivan, constantemente, bajo el dominio y la autoridad del hombre, sea padre o esposo.

Marianne Hirsch discute también el concepto freudiano de novela familiar, el "Familienroman" o "family romance," en el que explica el porqué a los autores les gusta imaginar a sus protagonistas como huérfanos o bastardos, y con quién estamos de acuerdo:

> "In Freud's term...Through fantasy, the developing individual liberates himself from the constraints of family by imagining himself to be an orphan or a bastard" (9)

"LA MADRE AUSENTE EN LA NOVELA FEMENINA
DE LA POSGUERRA ESPAÑOLA: PÉRDIDA Y LIBERACIÓN".

33

(En términos de Freud, la novela familiar es una imaginaria pregunta a los orígenes, una pregunta en la que se ajusta la producción narrativa dentro de la experiencia de la familia. A través de la fantasía, el individuo en desarrollo se libera él mismo de las restricciones de la familia imaginándose a sí mismo como si fuera un huérfano o un bastardo y sus padres "reales" como seres más nobles que la familia "sustituta" en la cual él esta creciendo. La esencia de la novela familiar de Freud es el acto imaginativo the sustituir al padre o a la madre).

Nosotros, aunque no queremos defender aquí las teorías de Freud, en general, sí estamos de acuerdo con él en este particular aspecto del "Familienroman"; pues, pensamos que las autoras de estas novelas, no estaban de acuerdo con el concepto de madre que la sociedad franquista quería para las mujeres de la posguerra, y no querían tener que aguantar, ni sufrir las limitaciones sociales que habían visto sufrir, probablemente, a sus propias madres. De este modo, se reflejan en sus personajes imaginarios, y por ello eligen que sus jóvenes protagonistas no tengan madres reales, las cuales se mantienen en el ideal de cada protagonista, y son siempre más nobles que las madres-sustitutas, con quienes se ven obligadas a crecer.

Así pues, aunque la teoría freudiana del "Familienroman" se refiere a los hombres, nosotros como Hirsch, la aplicamos a las mujeres y a las madres de éstas; y añadimos a lo que dicen Freud y Hirsch aquí que esta necesidad de desear ser huérfano no viene sólo de un aspecto psicológico de la persona en cuestión; sino que también viene y se concreta por el aspecto histórico, social y cultural en donde vive y se educa esta persona.

Marie-Lise Gazarian-Gautier, en su entrevista-libro con Matute, *Ana María Matute. La voz del silencio*, comenta que Matute no tenía una buena relación con su propia madre durante su niñez y adolescencia. Y Gazarian-Gautier le pregunta a Matute si es por eso que en sus libros la ausencia de la figura materna es tan evidente. A lo que Matute responde:

> Quizá sí. La verdad es que durante mi infancia yo la sentí poco, fue como si en cierta manera no la hubiera tenido. Claro que tuve a mi madre y, además, la quise mucho y ella a mí; pero, por ejemplo, recuerdo que en toda mi vida sólo me dio dos besos. Besos en el aire, de los de "hola" y "adiós," sí, pero de los de cariño sólo fueron dos. (59-60)

Este comentario de Matute sobre su madre, a quién obviamente
quería, pero con quién no parecía tener una gran conexión, nos hace
deducir que probablemente a la autora sí que le hubiera gustado tener
esa conexión, ese lazo fuerte entre ella y su madre; pero como no
lo tuvo, se lo imaginó, y lo hizo a través de fantasear sobre la madre
ausente de las protagonista de muchas de sus obras, como *Primera
memoria, Pequeño teatro, Los Abel* y *Fiesta al noroeste*. En las cuales, la
madre muerta está en la memoria de los jóvenes protagonistas (Matía,
Zazu y Valva) como la madre ideal y "noble," como dice Freud, con
quien si ella viviera ahora, estos jóvenes protagonistas hubieran crecido
seguramente mejor y más felices.

Otra crítica literaria que ha investigado a las tres autoras estudiadas
aquí es la inglesa Catherine Davies en su obra *Women Writers in
Twentieth-century Spain and Spanish America*, donde también resalta
la razón por la que muchas de estas mujeres escritoras rechazan el
modelo de mujer y madre que dio el franquismo:

> These authors and their literature are engendered in societies
> stemming from …. repressive militaristic regimes, strong
> class solidarity, congenital "machismo," clearly defined
> gender roles, and late, often ineffective, women's liberation
> movements …. The "supermadre". A repressive patriarchy's
> own legitimized female stereotype, enforced as an oppressive
> extension of the traditional mothering role to keep women in
> their "proper" place. (6-7)

> (Estas autoras y su literatura están engendradas en sociedades
> refrenadas desde… represivos regímenes militares,
> fuerte solidaridad de clase, "machismo" congénito, roles
> de género claramente definidos, y después, a menudo
> inafectivos, movimientos de la liberación de la mujer….
> La "supermadre". Un estereotipo femenino propio y
> legitimizado de una patriarquía represiva, puesta en vigor
> como una extensión opresiva del papel maternal tradicional
> para mantener a las mujeres en su "propio" sitio).

Es decir, lo que la sociedad española de la posguerra consideraba
"supermadre" era la mujer sumisa y obediente al marido, y servicial y
devota a sus hijos, como la del *Angel del hogar* que indica Pilar Sinués;
para así, de este modo, poder seguir manteniendo a la mujer en su
"sitio," según las culturas tradicionalistas y patriarcales como la de la

"LA MADRE AUSENTE EN LA NOVELA FEMENINA
DE LA POSGUERRA ESPAÑOLA: PÉRDIDA Y LIBERACIÓN".

35

sociedad de la posguerra española. Un modelo de mujer y madre que las escritoras estudiadas aquí no querían que tuvieran las protagonistas femeninas de sus obras; y por tanto optaban por eliminarlas de la novela, haciendo que estuvieran ya muertas antes del comienzo de la novela y del conflicto que las protagonistas tienen en ella.

### La madre ausente en *Primera memoria* de Ana María Matute.

En esta obra, Ana María Matute nos presenta como protagonista a Matía, una niña-adolescente de unos 12 años de edad a su llegada a la isla y de 14 años durante el argumento de la novela, en un marco temporal del principio de la Guerra Civil española (1936-39), aunque la novela fue escrita y publicada durante los años cincuenta, en plena posguerra española.

Matía, la protagonista, es huérfana de madre y su padre no puede ocuparse de ella. Una criada, Mauricia, había cuidado de ella durante unos años, pero ya no podía a causa de una enfermedad, y el padre de Matía decidió mandarla a la isla de Mallorca a vivir con su abuela materna, doña Práxedes. La abuela era una mujer dominante y severa, por lo que la libertad y tranquilidad en la que Matía había vivido hasta entonces con la criada, desapareció. Así lo cuenta Matía: "Te domaremos, me dijo, apenas llegué a la isla. Tenía doce años, y por primera vez comprendí que me quedaría allí para siempre. Mi madre había muerto cuatro años atrás y Mauricia, la vieja aya que me cuidaba, estaba impedida por una enfermedad. Mi abuela se hacía cargo definitivamente de mí, estaba visto" (Matute, *Primera memoria* 13).

La abuela la mandó, en un principio, a un colegio de monjas interna; pero la rebeldía natural de Matía, al haber vivido varios años (con la criada Mauricia) sin que apenas nadie la controlase, era difícil que se adaptase a la rigidez de un colegio de monjas de la época. Por lo que pronto ocurrió un incidente en el que Matía le pegó una patada a una monja (que le había quitado a su muñeco Gorogó) y fue expulsada del colegio. Entonces tuvo que volver a vivir en la casa de su abuela materna, con el disgusto de ésta. Allí, vivía además de con su abuela, con su primo Borja, un año mayor que ella, y con la madre de éste, tía Emilia, que era también hermana de la difunta madre de Matía. En esa época, Matía tenía ya catorce años, y ese mismo verano de 1936 empezó la Guerra Civil española.

Los personajes de la abuela, doña Práxedes, y el de la tía, Emilia, son los que representan el único modelo maternal que Matía tiene ahora, ya que su propia madre está muerta. Matía se rebela contra la autoridad de su abuela doña Práxedes desde muy pronto, porque ésta representa ese modelo patriarcal, autoritario, dictatorial y franquista de la postguerra española que a Matía, acostumbrada a la libertad en la que había crecido los últimos años con la criada, no le gustaba. Doña Práxedes vive pendiente del "que dirán"; es decir, de la imagen que su familia pueda dar cara al público, a la gente del pueblo. Para ella, esa imagen debe ser perfecta, sin escándalos. Pues, en aquella época había una gran represión político-religiosa por parte del Estado. El Gobierno y la Iglesia unían sus fuerzas para ayudarse mutuamente en sus ideologías. Al gobierno le interesaba que la Iglesia Católica controlara a sus feligreses y promulgara desde los púlpitos que apoyaran al gobierno fascista, ya que era católico también e iba en contra de los ateos y no-católicos, y doctrinaba a la mujer para que se quedase en su "sitio," después del hombre. A la Iglesia, por otra parte, le interesaba apoyar al gobierno fascista porque éste ayudaba a la Iglesia económicamente y la protegía de los no-creyentes.

> Ciertamente, la Iglesia y el franquismo llegaron a una extraordinaria colaboración. Los nuevos cruzados produjeron, ya durante la guerra, sesenta y cuatro textos legislativos para devolver al catolicismo la situación privilegiada de que gozaba en el siglo XVI. En la obra escrita de José Antonio Primo de Rivera no se encuentra una intención tan radical; incluso el citado punto 25 de la Falange establece que: "La Iglesia y el Estado concordarán sus facultades respectivas, sin que se admita intromisión o actividad alguna que menoscabe la dignidad del Estado o la integridad nacional". (Gallego 148)

Por esa razón, la abuela doña Práxedes, que representa esa unión indivisible entre el Gobierno y la Iglesia, se encarga de organizar la misa en favor del bando nacional cada vez que ganan una batalla, y mira mal a todos aquellos (de su familia o del pueblo) que no van a misa. La abuela tiene dinero y poder; pues es viuda de un gran terrateniente, y al morir su marido y no tener hijos varones, ella es ahora la que tiene el poder de su hacienda, pero aún así necesita mostrar apoyo a la Iglesia y al Gobierno, para que éstos sigan apoyándola, y porque en definitiva ella también está de acuerdo con sus ideas fascistas y eclesiásticas. Por esta razón, la gente del pueblo la teme, la respeta, y la complace, pues así no tendrán que

"LA MADRE AUSENTE EN LA NOVELA FEMENINA
DE LA POSGUERRA ESPAÑOLA: PÉRDIDA Y LIBERACIÓN".

37

tenerla de enemiga, y podrán pedirle siempre ayuda cuando tengan problemas; como por ejemplo, Antonia la criada, Mosén Mayol y el administrador.

Es interesante, e irónico, ver como en un mundo tan androcéntrico como es el de la guerra y posguerra españolas, haya mujeres que tengan poder y sean respetadas, como en *La casa de Bernarda Alba* de Federico García Lorca. Pero la realidad es que si doña Práxedes tiene ahora poder es porque no tiene a un hombre en casa que sea el cabeza de familia (su marido ha muerto y no ha tenido hijos varones), pues ni el gobierno ni la iglesia hubieran consentido que una mujer pudiera estar a cargo de su casa, habiendo un cabeza de familia varón en la misma casa. Las circunstancias de la ausencia de varones ha facilitado el poder a doña Práxedes; sin embargo, ella tiene que seguir manteniendo una buena imagen de mujer católica y fiel al régimen fascista, y por eso se rodea de Mosén Mayol, el cura del pueblo, del administrador de la finca, y de otros varones de cargo público en el pueblo, como el alcalde. Así, su poder no sólo estará establecido, sino que también estará contínuamente mantenido y apoyado.

Por otro lado, Matía ve como su abuela trata con desprecio a los criados, y como habla mal de la gente del pueblo e incluso de su propia familia. La muchacha ve la hipocresía en la que vive continuamente su abuela, tapando los problemas internos, de su propia casa y familia, para que nadie en el pueblo tenga nada que decir de ellos. Y a Matía esto no le gusta. Matía es más honesta y sincera que su abuela, y por eso se rebela ante este modelo de madre-sustituta que le han dado, e intenta buscar otro, entre las figuras femeninas que la rodean, que sea más cercana a sus ideas, del ideal de madre.

Su tía Emilia es joven y simpatiza con Matía, pero muy pronto Matía se da cuenta de que su tía también vive en un mundo hipócrita y falso. La tía Emilia estuvo enamorada de un tío lejano suyo, Jorge de Son Major. Este es el personaje rebelde, aventurero, y anti-tradicional del pueblo. Las mujeres se enamoran de él facilmente, y él se aprovecha de su situación, y atracción, para vivir y disfrutar de lo que se le ofrece tan fácilmente. Jorge, a pesar de ser rico y de buena familia, no es bien visto por doña Práxedes, por sus aventuras y su actitud rebelde; por lo que el amor que Emilia sintió por Jorge fue totalmente rechazado por doña Práxedes en su tiempo, quien la obligó a olvidarlo y casarse con otro hombre (tío Alvaro, padre de Borja). Emilia no ha sido feliz en su matrimonio, pero mantiene las apariencias por la buena reputación de la familia. Su marido está en la guerra como coronel, a favor del bando nacional, y por lo tanto está lejos de ella y la tiene abandonada. Su hijo Borja, que está con ella, no le tiene respeto, pues sabe que la que manda allí es su abuela y su madre no pinta nada. Más adelante, al saber que su madre había sido novia de Jorge, a quien él admira, todavía la respeta menos; pues él hubiera deseado ser hijo de su admirado Jorge, y no de su verdadero padre. "(La tía Emilia con sus anchas mandíbulas de terciopelo blanco y los ojillos sonrosados, quedaría esperando, esperando, esperando, abúlicamente, con sus pechos salientes y su gran vientre blando. Había algo obsceno en toda ella, en su espera, mirando hacia la ventana.)" (27). Martín Gaite en su obra *Usos amorosos de la postguerra española,* hace una comparación de las mujeres de la guerra y posguerra que esperan fiel y pacientemente al hombre que vuelve de la guerra o de otro lugar lejano, con la obra de la *Odisea* en donde Penélope esposa de Ulises es símbolo de la fidelidad conyugal al esperar, eternamente el regreso de su esposo, tejiendo y destejiendo un tapiz:

> Los hombres, al parecer, se enamoraban de las chicas que cosían .... "Amamos a la mujer que nos espera pasiva, dulce, detrás de una cortina, junto a sus labores y sus rezos. Tememos instintivamente su actitud sea del tipo que sea". El hombre era un núcleo permanente de referencia abstracta para aquellas ejemplares penélopes condenadas a coser, a callar y a esperar .... Tres etapas .... de recogimiento, de paciencia y de sumisión. Tal era el "magnífico destino" de la mujer falangista soñada por José Antonio. (71-72)

De este modo, tía Emilia pasa sus días fumando y bebiendo a escondidas de su madre, soñando con aquel amor que no pudo conseguir. Es una mujer frustrada y totalmente dominada por su madre. Matía aprende pronto a apartarse también de ese modelo de madre-sustituta que le ofrece su tía Emilia, mujer sumisa y abnegada que no supo luchar por su amor, como sí lo había hecho la madre de Matía en su día, y a la que ella admira por ello. La madre ausente de Matía, símbolo de rebeldía y lucha para ella, no hace más que crecer en la fantasía de Matía como la imagen de mujer ideal a seguir, hasta el punto de idolatrarla. Su ausencia es devastadora, pero al mismo tiempo, esta ausencia es lo que hace que Matía tenga más valor y ganas para rebelarse contra las mujeres que no son como su idolatrada madre. Su abuela y su tía Emilia sólo inspiran miedo y lástima en Matía, pero nunca amor, respeto o admiración.

"LA MADRE AUSENTE EN LA NOVELA FEMENINA
DE LA POSGUERRA ESPAÑOLA: PÉRDIDA Y LIBERACIÓN".

39

En la casa de la abuela vivía otra mujer, Antonia, el ama de llaves. Antonia tampoco es un buen modelo de madre-sustituta para Matía; como tampoco lo fue la otra criada, Mauricia, con quien Matía vivió desde los nueve a los doce años, pero al menos con ésta se llevaba bien y le daba la libertad de hacer lo que quería. Antonia, por el contrario, no es una mujer ni cariñosa, ni amable con Matía; sino que esta criada es una mujer cotilla, criticona, y con un temor terrible hacia doña Práxedes, que le hacía complacerla en todo por miedo. Antonia tiene un hijo, Lauro, al que Borja y Matía llaman "el Chino". Lauro estudia para cura, por que así lo desea doña Práxedes, y Antonia hace todo lo que su ama le dice, incluso si en ello tiene que sacrificar a su hijo Lauro y al amor que siente por él. Matía no simpatiza con Antonia en ningún momento, ni tampoco con su hijo Lauro, que será por un tiempo el tutor de ambos niños.

> Antonia tenía la misma edad que la abuela, a quien servía desde niña. Al quedarse viuda, siendo Lauro muy pequeño –la abuela la casó cuándo y con quién le pareció bien–, la abuela la volvió a tomar en la casa, y al niño lo enviaron primero al Monasterio, donde cantaba en el coro y vestía sayal, y luego al Seminario. (20)

Matía no tiene, en casa de su abuela, ninguna figura materna a la que admirar o querer; ni tampoco estas mujeres muestran ningún verdadero interés por el afecto de Matía. Por lo tanto la actitud de la joven Matía es de rebeldía contra esas figuras maternas-sustitutas con quienes vive. En esta obra, Matute, nos da una crítica implícita, a través de estos modelos de mujer, de la mujer falangista y fascista de la posguerra. A Matute no parecía gustarle ese modelo de mujer para ser madre de su protagonista Matía, y por eso resalta todo lo malo y feo que hay en ellas, para que así sea más aceptable que Matía las rechace y se rebele contra ellas. La única mujer ideal que hay en la novela no existe, está muerta, y es la madre de Matía, que luchó por su amor con el padre de Matía, rebelándose contra sus padres y la sociedad de entonces. Matía es digna hija de su madre, y por eso se rebela también contra estas figuras femeninas opresoras.

Sin embargo, esta rebeldía le causará tristeza y alienación. Matía se siente totalmente sola y abandonada por su padre que aunque está vivo no está allí con ella. Su padre está, ahora, lejos luchando en la Guerra Civil y en el bando contrario al de su abuela y la familia con quien vive; pues su padre es un republicano. Así pues, con su padre lejos y su madre muerta, no tiene a nadie que le dé verdadero cariño y amor, ni que le muestre un modelo de mujer a seguir durante estos años de la primera adolescencia tan difíciles para ella. Matía pasa sus días de espera con su primo Borja, que no es más que un mentiroso y un hipócrita, como su madre (tía Emilia) y como su abuela.

En esos días en la isla, Matía conoce a Manuel, un muchacho diferente a los demás, a quien empieza a admirar y querer. Manuel es hijo de Sa Malene, y de su marido José Taronjí; aunque en realidad su verdadero padre es el famoso rico y aventurero Jorge de Son Major. Manuel es un hijo dedicado y servicial, tanto hacia su madre como hacia el padre que le han asignado. Matía lo admira. Y a través de él, siente curiosidad y atracción hacia la vida de otra mujer, la madre de Manuel. Sa Malene es criticada por todo el pueblo por su relación con Jorge de Son Major. Cuando matan a su marido José, los primos de éste que son del bando nacional, a ella, las mujeres del pueblo la atacan y le rapan el pelo. Matía siente una pequeña fascinación mezclada con admiración hacia esta mujer que ha sufrido el ataque de la gente del pueblo, y que ha engendrado a un muchacho tan honesto, valiente y buen hijo como Manuel. Sa Malene, para la gente del pueblo, es la mujer mala, contraria al modelo del "angel del hogar". Sa Malene vive en pecado, pues quedó embarazada sin estar casada, y la gente del pueblo no lo perdona. Además, su marido y ella estaban en el bando republicano, y por lo tanto era una "roja" y atea; es decir, iba contra el Gobierno y contra la Iglesia:

> Contrastando con esta imagen conmovedora de la madre dolorosa, de la mujer ultrajada y de la esposa decente humillada, el campo republicano sólo produce madres desalmadas y cabecillas políticos que quieren someter a los niños a una educación marxista, ateísta y pornográfica. La izquierda abunda sobre todo en las mujeres desvinculadas, antaño señoriales y decentes, que hallan gusto en la depravación. (32)

Sa Malene era pues, para la gente del pueblo, una desalmada, pecadora, marxista y atea que sólo podía influenciar negativamente en sus hijos y en la sociedad, y por eso había que darle una lección a ella, rapándole el pelo en público, y a cualquier mujer que fuese o quisiese ser como ella. Pero aún así, y posiblemente aún más ahora, Matía sigue sintiendo una fascinación y admiración por esta mujer, a la que ve

"LA MADRE AUSENTE EN LA NOVELA FEMENINA
DE LA POSGUERRA ESPAÑOLA: PÉRDIDA Y LIBERACIÓN".

41

como a una buena madre. Sin embargo, esa fascinación desaparecerá también pronto, como la fascinación y admiración por Manuel. La abuela y su familia se encargarán pronto de que Matía dé la espalda a Manuel cuando éste más la necesite; pues al final de la novela y tras ser falsamente acusado Manuel de un robo, Matía se sentirá impotente, por su juventud e inmadurez, ante las circunstancias, y acabará aceptando que su vida vaya por diferentes cauces que la de Manuel.

En toda esta obra, Matía, entre otras cosas, parece buscar a alguien en quien confiar y a quien querer, a alguien a quien admirar y poder pedir ayuda. Matía quiere y desea una madre, pero no la encuentra. No puede tener a su verdadera madre, porque ha muerto, pero desea tener a una madre que sustituya a la suya, y que sea como ella. Sin embargo, todos los modelos de madre-sustituta que tiene son negativos para ella. No son lo que ella desea como madre para ella, ni son lo que ella desea ser cuando ella misma sea madre.

Ana María Matute usa la ausencia de la madre como instrumento de rebeldía hacia esas madres típicas y modélicas, que la sociedad franquista desea para la mujer y madre. Es mejor que la protagonista de esta obra no tenga una verdadera madre, porque si la tuviera, probablemente la sociedad la obligaría a ser como la abuela, la tía, o la criada, que son producto típico del régimen franquista, y ese modelo de madre no sería digno ni adecuado para ella. Sin embargo, si esas mujeres son, en vez de su verdadera madre, una madre-sustituta, entonces es más aceptable; pues así la protagonista puede criticar y despreciar a ese tipo de mujeres-madres, sin tener que atacar a su propia madre, que le dio la vida, y que es idealizada en su fantasía: (En el segundo nivel de la novela familiar todos los juegos y sueños de los niños son gobernados por el deseo de sustituir a los padres biológicos por otros de un nivel social más elevado). En el caso de las protagonistas de estas novelas, ellas no desean cambiar el nivel social, como Hirsch indica, sino que lo que ellas desean es cambiar la mentalidad de una madre demasiado sumisa y servicial al hombre, por otra más idealista y rebelde a la sociedad en que les tocó vivir.

Matía busca en las figuras femeninas de su casa a alguien que pueda sustituir el cariño y apoyo de su idealizada madre, pero no lo encuentra; entonces lo busca en las relaciones fraternales que tiene, primero con su primo Borja y después con su amigo Manuel, que son con quienes se siente mejor, y más cerca que con sus madres sustitutas.

La orfandad materna aparece también en estas obras para mostrar la alienación que sentían las protagonistas de estas novelas, así como la que sentían probablemente sus autoras, al vivir en un contexto histórico, político, social y cultural tan patriarcal, como era el de la posguerra civil española. "La historia en el seno de la novela es a la vez la afirmación de la primacía de la historia sobre la ficción, y su negación por la ficción misma" (Bertrand 53). El contexto de *Primera memoria* es el de la Guerra Civil española en un lugar aislado, una isla de las Baleares, en las que los acontecimientos de la guerra quedan muy lejos, pero en donde las doctrinas del gobierno fascista y de la Iglesia Católica están muy presentes, día a día y en las personas que rodean a la protagonista. La Guerra Civil no sólo mató a la gente sino que también destruyó muchas ideas liberales, y retrasó al país en su progreso de derechos humanos y de igualdad de sexos. La orfandad materna que tiene la protagonista es como la orfandad en la que dejó la madre-patria a las mujeres de la guerra y posguerra. Matía perdió a su madre y con ella su niñez y la libertad que había conseguido en aquella niñez, pues después de unos años la "devolvieron" a la tutela de la abuela, que era como devolverla al siglo XIX. Las mujeres españolas también perdieron simbólicamente a su madre, pues después de una "niñez" (la de la segunda república) feliz y con esperanzas, habían vuelto en la adolescencia a la "abuela" del siglo XIX, con represiones y limitaciones. Matía, y las mujeres de la posguerra tendrán que esperar unos años más para poder rebelarse contra "la abuela", y conseguir su liberación.

**La ausencia de la madre en *Entre visillos* de Carmen Martín Gaite.**

En esta obra, Carmen Martín Gaite nos presenta una protagonista adolescente, Natalia, de unos dieciseis años. Natalia y su familia viven en una ciudad de provincias en un marco temporal de los años cincuenta, durante la posguerra española, y en plena dictadura del General Franco. "Tali" (Natalia) es una muchacha huérfana de madre, también como Matía en *Primera memoria*; aunque Natalia no llegó a conocer a su madre, pues ésta murió en el parto. Natalia vive en la casa de su propio padre, junto a sus dos hermanas mayores y a una tía, y no en la casa de un familiar, como Matía. Sin embargo, también ha cambiado de hogar durante su adolescencia, pues antes vivía con su padre en la finca que éste tenía en el campo, y en donde se encontraba más feliz y libre, y ahora viven todos en la ciudad.

El hogar de Natalia no es tan desolado como el de Matía, pues Natalia sí tiene el afecto de los miembros de su familia (padre, hermanas y tía); sin embargo, las dos protagonistas de estas novelas, Natalia y Matía, tienen muchas cosas en común, especialmente esa ausencia de madre a la que aquí nos referimos, y esa búsqueda interior

"LA MADRE AUSENTE EN LA NOVELA FEMENINA
DE LA POSGUERRA ESPAÑOLA: PÉRDIDA Y LIBERACIÓN".

43

por un modelo ideal de madre-sustituta que las protagonistas no encuentran en estas novelas.

Natalia tiene a un padre que la quiere, e incluso la ha mimado y la ha consentido más que a sus otras hijas mayores; pero es un padre que no está casi nunca en casa, que trabaja mucho y que no se preocupa de los problemas que ahora pueda tener la adolescente Natalia. El padre prefiere dar esa responsabilidad a la tía e incluso a las hermanas mayores, como si así Natalia tuviera otras madres, ya que ha perdido a la verdadera. El padre al crecer las hijas se hace más estricto y conservador que antes, cuando eran niñas, y Natalia lo nota: "Papá, le he dicho, tú antes no eras así, te vuelves como la tía, te tenemos miedo y nos estás lejos como la tía" (*Entre visillos* 233). La relación de Natalia con su padre cambia con el tiempo. Antes él era menos estricto con ella e incluso tenían una buena relación de cariño. Ahora, durante la adolescencia de Natalia, el padre ya no tiene esa buena relación con ella; sino que incluso parece apartarse de ella, todo lo que puede, como si ya no fuera responsabilidad suya la educación y el cariño de su hija. El padre se hace, así, más como la tía, tradicional, patriarcal y conservador.

La tía Concha no es una mujer tirana y dominante como la abuela de Matía, doña Práxedes; pero sí es la típica mujer tradicional, hogareña y servicial que la sociedad franquista y andocéntrica, de la época dan como muestra de mujer ideal. Isabel, amiga de la las hermanas mayores de Natalia, comenta la dedicación de la tía hacia sus sobrinas: "Gracias a tu tía. Es un sol vuestra tía, es como una madre, ¿no?" (24). A lo que Natalia y sus hermanas respondieron sin ningún entusiasmo y como si no hubiera habido otra posibilidad para la tía después de quedarse huérfanas de madre sus sobrinas. Al no casarse, la tía Concha, se sacrificó por sus sobrinas huérfanas de madre y se fue a vivir con ellas para que pudieran tener una madre-sustituta; ya que el padre, sólo, no las podía criar. La tía de Natalia dedica su vida a la casa, a sus labores y a sus sobrinas, a su manera; es decir, a la manera tradicional y convencional, considerada la más decente. Sus sobrinas son chicas educadas, que asisten a misa con regularidad, y que no dan ningún escándalo en la ciudad; lo que satisface a la tía.

La sobrina pequeña, Natalia, es diferente a sus dos hermanas mayores, pues se lleva nueve años con Julia, la mediana de las hermanas, y catorce años con Mercedes, la mayor de las hermanas. A Natalia, o "Tali" como también la llaman familiarmente, le gusta estudiar. Ella está en séptimo grado de bachillerato, que es el último grado que se estudia en el instituto. Y después, los que siguen estudiando pasan a estudiar a la universidad. Tali no ha pensado en ir a estudiar a la universidad todavía; pues, como sus hermanas mayores no han estudiado en la universidad, tampoco cree que ella pueda hacer estudios universitarios, aunque económicamente su padre pueda pagar por ellos; ya que los estudios universitarios para las mujeres, en esa época, no estaban bien vistos, desde una gran parte de la sociedad: "Educated or cultivated women consistently express the embarrassment experienced by their families because they read books or wished to have a career" (Mangini 8). Efectivamente, como dice Mangini, las mujeres que pudieron tener estudios, en aquella época, han contado después que las propias familias de estas mujeres se avergonzaban de que tuvieran alguna mujer en la familia que le gustase leer libros o que desease estudiar una carrera universitaria; era prácticamente un deshonor. La sociedad franquista, patriarcal y tradicional de la posguerra española animaba a las mujeres de clase media y alta, que no necesitaban ir a trabajar para comer, a que se casaran y a que tuvieran muchos hijos para la patria, y que desistieran de tener una educación superior. Natalia no había pensado todavía en hijos, ni siquiera en tener un marido o un novio, pero pensaba que probablemente acabaría como sus hermanas mayores, soltera o casada y con hijos; pero sin estudios universitarios o un buen trabajo fuera del hogar.

Natalia, como hemos dicho, es diferente de sus hermanas. Le gusta leer y estudiar, y por lo tanto es alienada del resto de la familia, quienes no consideran importante tener una mejor educación y mejores estudios. Sin embargo, después de las conversaciones de Natalia con Pablo, su profesor de alemán del instituto (el otro protagonista de esta novela de Martín Gaite), Natalia decide que sí que quiere continuar estudiando y, a pesar de saber que su padre y su tía se opondrán a la idea, decide también confrontar la autoridad de su padre, y las excusas de su tía Concha.

> Carmen Martín Gaite personifica el problema del estudio en Tali. Ella desea estudiar, sin embargo, su familia de clase social burguesa ve en el estudio aquello que se promulgaba desde la radio hasta la más insignificante revista. Tali luchará contra este tipo de convicciones y al final decide marcharse a estudiar una carrera. La autora desde la personalidad de la joven reivindicará este derecho para la mujer en una sociedad conformista e insensible que caracteriza a la España de los años cincuenta. (Alemany 72)

"LA MADRE AUSENTE EN LA NOVELA FEMENINA
DE LA POSGUERRA ESPAÑOLA: PÉRDIDA Y LIBERACIÓN".

45

Ciertamente, como comenta Alemany, las mujeres de la posguerra, como Natalia en esta novela, tenían muy dificil lo de poder estudiar una carrera universitaria. La dificultad no era económica para las mujeres de la clase social burguesa a la que pertenece Natalia, sino que el problema era el rechazo social. La sociedad del régimen franquista y de la Sección Femenina de la Falange, promulgaban y adoctrinaban a las mujeres para que se casasen y tuviesen hijos, y sólo necesitaban estudiar lo que les fuera útil en su futuro hogar como esposas y madres: "a la mujer se le reservaba el dominio exclusivo de <<tres supremas ciencias, para la gala y elogio de cualquier joven bien formada: culinaria, confección y costura y economía doméstica>>" (Gallego 155). Esas tres cosas era lo único que tenía que aprender en la vida, y todo lo demás era signo de rebeldía. Martín Gaite, en su obra *Usos amorosos de la postguerra española,* comenta lo dificil que era el poder estudiar para las mujeres, e incluso incluye en su estudio una cita de Pilar Primo de Rivera, directora general de la Sección Femenina de la Falange, que decía sin reparos, que la mujer no necesitaba estudiar porque era menos inteligente que el hombre, y debía dejar que estos fueran los que estudiaran y manejaran el mundo: "Las mujeres nunca descubren nada: les falta desde luego el talento creador, reservado por Dios para inteligencias varoniles" (*Usos amorosos* 68).

De esta manera, Natalia, que vive bajo una sociedad con estas ideas androcéntricas, si quiere estudiar no tiene más remedio que rebelarse contra esta sociedad y contra los miembros de su familia que la representan, como su padre y su tía Concha, que no sólo se opone a que Natalia estudie, sino que también quiere de ella que sea como las mujeres de la Falange proponen, una mujer y madre sumisa, obediente y resignada.

Natalia se rebelará, al final de la novela, contra el modelo de mujer-madre ideal que la sociedad de la posguerra española desea implantar entre las mujeres españolas. Ese modelo de mujer es el que su tía Concha desea para Natalia y sus hermanas mayores; lo que es muy diferente al modelo de mujer que Tali admira y que es el de su idealizada madre ausente. Su madre, según el padre de Natalia, era salvaje y rebelde como Natalia y eso la complacía mucho a ella, el saber que ella era tan similar a su madre ausente. Sin embargo, el padre de Natalia ahora ya no está contento de que su hija sea salvaje y quiera estudiar, sino que aprueba lo que la tía Concha dice y hace, y no por lo tanto ya no apoya más a su hija pequeña. Natalia lo describe así a su padre, el día en que se atreve a hablar con él del asunto:

Que dificil era; era dificilísimo. Me arrodillé en la alfombra y allí, sin verle la cara, rascando arriba y abajo, arriba y abajo, he arrancado a hablar no sé cómo y le he dicho todo de un tirón. Que nos volvemos mayores y él no lo quiere ver, que la tía Concha nos quiere convertir en unas estúpidas. (232)

Las hermanas mayores de Natalia tampoco son un modelo de madre-sustituta que Natalia desea o admira. Mercedes, la mayor, tiene ya 31 años y todavía está soltera y sin compromiso. No tiene novio, a pesar de que le gusta un tal Federico. Mercedes es una mujer amargada, y siente angustia de quedarse soltera, como dice Santos Sanz: *Entre visillos* es un "testimonio desencantado de la limitada vida provinciana y de la falta de perspectivas vitales de las jóvenes, que siente con angustia el amenazante problema de la soltería" (118). Y la propia Martín Gaite también hace un comentario sobre el hecho negativo de quedarse soltera en la sociedad de la posguerra, en su obra *Usos amorosos de la postguerra española:*

La misma denominación de soltera llevaba implícito tal matiz de insulto que se adjudicaba a espaldas de la aludida. Y en mentes infantiles, tan proclives a dejarse influir por orientaciones difinitorias, evocaba a la mujer que nunca ha vivido "el gran amor," a la que nunca ha dicho nadie "por ahí te pudras" y que por eso tiene el gesto agriado. (43)

Mercedes no puede conseguir al hombre que le gusta, Federico, y además a éste le gusta la hermana de Mercedes, Julia; por lo que encima Mercedes está celosa de su propia hermana. Su actitud se asemeja mucho al de su tía Concha, contínuamente agria y de mal humor. Es la sobrina que más se parece a la tía; pues Mercedes hace todo lo que la tía desea, sin quejarse. Va a misa, se dedica a sus labores, no causa escándalos, y poco a poco la tía está consiguiendo que Mercedes se quede solterona como ella. A Mercedes esto no le gusta, pero lo acepta con resignación. Es la mujer sumisa de la posguerra, que acepta su papel de ciudadana de segunda clase, con respecto al hombre. Y que además de que se conforma en ese papel secundario, intenta que sus hermanas hagan lo mismo.

Julia, la hermana mediana, tiene veintisiete años. Es nueve años mayor que Natalia, por lo que también hace a veces el papel de madre-sustituta para Natalia. Julia lleva, como su hermana Mercedes, una vida tradicional y sumisa ante el patriarcado de su familia; pero

"LA MADRE AUSENTE EN LA NOVELA FEMENINA
DE LA POSGUERRA ESPAÑOLA: PÉRDIDA Y LIBERACIÓN".

47

Julia tiene novio, y este novio vive ahora en Madrid, lejos de la ciudad provinciana en donde vive ella. Su novio quiere que Julia se vaya a vivir a Madrid, y después casarse; pero su padre no lo consentiría. Al final de la novela, Julia, con la ayuda de su hermana Natalia, se va a Madrid, en tren, sin el consentimiento paterno. Julia se rebela contra la autoridad de su padre; y eso le gusta a Natalia, que la anima para que se vaya con su novio. Pero no está claro si eso es lo que Julia también quiere, o lo hace para complacer a su novio. En nuestra opinión, Julia es un mejor modelo de madre-sustituta para Natalia que Mercedes, pues, al menos, Julia llega a rebelarse contra su padre aunque sea a escondidas. Esta acción animará a Natalia a tener el coraje también de confrontar a su padre con su decisión de seguir estudiando. Pero a diferencia de Julia que se va a escondidas de su padre, Natalia hablará con él y lo convencerá, muy a pesar suyo. El padre de Natalia, no es, en el fondo, ningún cacique o tirano, como lo es la abuela de Matía. El padre de Natalia es un hombre tradicional y patriarcal más por habérsele sido impuesto por la sociedad de la posguerra española, que por sus propios sentimientos. Natalia le habla así:

> Antes, de pequeña, papá, cuando cazabamos en Valdespino ¿te acuerdas? A tí te gustaba que fuera salvaje, que no respetara ninguna cosa. Te gustaba que protestara, decías que te recordaba a mamá. Me ha mirado por encima de las gafas. Las cosas cambian, hija. Ahora vivimos de otra manera. Mejor, en cierto modo. No puedes ser siempre como eras a los diez años. (233-34)

El padre de Natalia justifica su cambio en que ahora tienen otro status social: han mejorado, ya no viven en el campo, sino que por su buena posición, ahora viven en la ciudad, en donde hay más reglas sociales que en el campo y hay que respetarlas. Y además de esto, Natalia ya no es una niña pequeña como cuando vivían en el campo. Siendo niña, se le podía consentir vivir como una "salvaje," pero al crecer, ahora ya no puede hacerlo, ya no se le permite actuar como una "salvaje," ahora ha de comportarse como una señorita digna de su status social.

> La perspectiva desde la que puede considerarse la estructura de la vida … es aquella que destaca la importancia del aspecto sociocultural en el vivir cotidiano de los personajes afectados por condiciones que limitan su participación en el sistema. Por eso apuntamos a las jóvenes protagonistas que aparecen

en la narración encasilladas en el reducido mundo de una
capital de provincia, dentro de una sociedad sujeta a la
estratificación de clases, la familia, la estructura ocupacional y
la vida comunitaria. (Mayans 163)

El status social de Natalia, que pertenece ahora a la clase
media-alta, es lo que la condiciona y limita aún más. Pues, ahora tiene
que vivir en la ciudad y no en el campo, ahora tiene que comportarse
como una señorita y no como una salvaje, y ahora no puede decidir ya
lo que desea hacer en cada momento del día o en su vida en general,
pues todo está ya predispuesto y decidido para ella, como mujer, y
futura esposa y madre de la sociedad patriarcal de la posguerra. Sin
embargo, esto no es lo que Natalia quiere; ella preferiría volver a vivir
en el campo y ser de nuevo feliz, libre y salvaje, y dejar de vivir en la
opresora sociedad de la ciudad.

La madre ausente, modelo ideal para Natalia, era un poco "salvaje,"
y cuando estaba viva se le había permitido mostrar ese aspecto suyo,
lo que confunde a Natalia mucho; pues su madre ya era una mujer
adulta cuando todavía tenía a veces una actitud salvaje que gustaba
a su marido, pero entonces todavía vivían en el campo. Así pues, lo
que implica aquí, Martín Gaite, es que esa actitud "salvaje" o rebelde
de la mujer se podía permitir mientras fueran mujeres que vivían en
el campo; pues era el lugar donde vivían, en general, las mujeres de
clase social trabajadora o baja; y que no tenían la oportunidad de ser
educadas como señoritas. Pero a las mujeres de clase social burguesa se
les exigía que actuasen en acorde a su posición, y por lo tanto de una
manera formal y decente, y no salvaje o rebelde.

Martín Gaite en esta novela, muestra también que el modelo ideal
de madre, para Natalia, es el de rebelde, "salvaje" o protestante, como
dice Natalia que era su madre, y a quien su padre admiraba por ser así.
Y como la sociedad de la posguerra española, y especialmente dentro
de las clases sociales medias y altas, no permitía un modelo de madre
así, como el que quería Natalia; pues entonces, es mejor eliminarla,
para la autora. La madre ha muerto, la madre verdadera y rebelde está
ausente, porque no tiene muchas posibilidades, según parece indicar
Martín Gaite, de sobrevivir en una sociedad patriarcal y conservadora
como la de la posguerra española.

De este modo, la única madre que puede tener ahora Natalia es
la madre-sustituta representada por su tía Concha y sus hermanas
mayores. Una madre-sustituta que no es como la madre ideal que
ella tenía antes de nacer, ni como la que quisiera tener y quizás
ser ella algún día; sino que, la madre-sustituta de Natalia, es la

mujer tradicional, patriarcal de una sociedad fascista y limitada, especialmente para la mujer. La madre ausente ha provocado que Natalia tenga que conocer y vivir con esta madre-sustituta del fascismo y eso no le gusta. La actitud de Natalia, que todavía tiene el espíritu rebelde de cuando era niña y vivía en el campo, es la de rebelarse contra ese tipo de mujer patriarcal, representado por su tía y no por su verdadera madre.

> Natalia, huérfana de madre como Matía ... se encuentra en un mundo limitado que la encauza a actividades y a situaciones que no le interesan. Natalia percibe el crecimiento como una pérdida de libertad y de poder y se resiste a él. Los estudios y su diario le proporcionan un refugio semejante al que Matía encontraba en el idealismo de los cuentos de hadas .... Por último, Pablo Klein es el personaje masculino en el que Natalia proyecta sus deseos de autonomía y cuya función en *Entre visillos* es paralela a la función de Jorge de Son Major en *Primera memoria*" (Riddel 105)

Estamos de acuerdo, aquí, con Riddle en que Natalia percibe el crecimiento como una pérdida de libertad y poder. Cuando ella era niña, vivía en el pueblo con mucha libertad física, ya que podía ir por donde quisiera; y también con libertad emocional, pues su padre le mostraba cariño y la complacía en lo que ella le pedía; por lo que entonces tenía también poder sobre su padre, y no añoraba o necesitaba tanto de su madre ausente. Ahora, en la ciudad y tras su crecimiento de la niñez a la adolescencia, ya no tiene esas libertades ni ese poder sobre su padre, por lo que "Tali" se resiste a ese crecimiento. Natalia quiere seguir siendo una niña, y se refugia en su diario y en los cuentos de hadas, como Matía en *Primera memoria*, para no tener que enfrentarse con el mundo adulto. Pero con la aparición de su profesor de alemán, Pablo Klein, las cosas cambian, y ahora ya no se refugia tanto en su diario o sus cuentos, sino que empieza a tener deseos de independencia, como el poder estudiar una carrera y lejos de su familia. Pablo Klein ayuda a Natalia a abrir sus horizontes y esperanzas, como Jorge de Son Major lo hacía con Borja y Matía.

La ausencia de la madre de la protagonista, junto al contexto histórico, social y cultural de la posguerra española, hacen que Natalia se sienta sola y oprimida durante los importantes años de su adolescencia y por tanto madurez física y psicolófica; sin embargo, al mismo tiempo, esa ausencia de la madre será lo que anime más a

Natalia a ser como ella, su "salvaje" madre ausente, y a rebelarse con el otro tipo de madre que se le presenta, como tía Concha o sus hermanas mayores, y que se le quiere hacer seguir. Por eso podemos decir aquí, que la ausencia de la madre ha sido para la protagonista de *Entre visillos* una pérdida y una liberación.

De la ausencia de la madre que tiene Matía, la niña-adolescente, y la ausencia de la madre que tiene Natalia, la adolescente-jovencita, pasamos a la tercera protagonista con ausencia de la madre de estas tres novelas mencionadas, Andrea, la joven de dieciocho años, protagonista de la novela *Nada* de Carmen Laforet.

### La ausencia de la madre en *Nada* de Carmen Laforet.

Elizabeth Ordóñez, en su obra *Voices of Their Own*, hace un estudio de diferentes textos de la narrativa de mujeres del siglo XX en los que cada texto se estudia en relación con su particular contexto socio-cultural. Entre los textos que estudia está la novela *Nada* de Laforet, y nos dice de ella:

> The postwar Spanish narrative of female adolescence is [....] more than a vivid document of the conflictive status of young women in post-civil War Spain. It also allows the reader an early glimpse of woman's desire as implied writer to achieve some measure of creative and cultural, as well as personal and social, authority. (Ordoñez 33)

> (La narrativa española de posguerra sobre mujeres adolescentes es [....] más que un vívido documento del conflictivo status de las jóvenes mujeres de la posguerra española. Y además permite al lector echarle un poco el ojo al deseo de la mujer como escritora dispuesta a conseguir alguna medida de autoridad creativa y cultural, así como personal y social).

Es decir que para Ordóñez, y también para nosotros, Laforet no sólo escribe una novela sobre una joven adolescente, sino que a través de lo que le ocurre a la joven protagonista de la novela, y bajo las condiciones en que está, también nos hace ver, Laforet, sin necesidad de decirlo, lo que ocurría con las mujeres en general, en España bajo el contexto histórico, social y cultural de la posguerra española. Es decir, cómo vivían y cómo pensaban algunas de las chicas jóvenes, de la inmediata posguerra, en una sociedad tan patriarcal como la de la sociedad española de la posguerra.

"LA MADRE AUSENTE EN LA NOVELA FEMENINA
DE LA POSGUERRA ESPAÑOLA: PÉRDIDA Y LIBERACIÓN".

51

En *Nada*, la protagonista Andrea es una joven de dieciocho años que no sólo es huérfana de madre, sino también de padre. Andrea ha quedado totalmente huérfana, de sus dos progenitores, durante la Guerra Civil española. Sin embargo, Andrea es un poco diferente de las dos protagonistas, sin madre, comentadas anteriormente, Matía y Natalia. No sólo porque le faltan los dos, padre y madre; sino también, porque es un poco mayor y ya puede ser independiente, oficialmente, aunque no lo sea socialmente. Andrea tiene una pequeña paga del gobierno, pues sus padres murieron en la guerra en el lado de los que vencieron, los de Franco. Por lo tanto, tiene derecho a una paga de orfandad. Sin embargo, socialmente, debe seguir bajo la tutela de algún pariente; pues no está bien visto que una muchacha decente viva sola. Así pues, Andrea se va a Barcelona, a vivir con la familia de su madre, y a estudiar letras en la universidad. Aunque ella es en realidad una muchacha aventurera a quien le gusta saborear, por primera vez, la libertad de poder ser independiente. Y así nos lo dice al comienzo de la novela: "Era la primera vez que viajaba sola, pero no estaba asustada; por el contrario, me parecía una aventura agradable y excitante aquella profunda libertad en la noche" (Laforet, *Nada* 11).

La orfandad de Andrea de ambos progenitores ha hecho que ésta haya vivido, hasta entonces, en un pueblo pequeño con su familia paterna, que según su tía Angustias, no la han sabido educar como Dios manda. Y por lo tanto Andrea es un poco rebelde y, según su tía, socialmente atrasada también. La tía Angustias lleva las riendas de la casa, a pesar de vivir en casa de su madre, la abuela de Andrea, y con dos hermanos varones, que no parecen hacerse cargo de la responsabilidad económica de la casa.

Puede llamar la atención, al lector, en esta novela el hecho de que la abuela merezca muy poco respeto por parte de los miembros de su familia (Angustias), y se la trate incluso mal (Juan); sólo Román y un poco Andrea le muestran alguna atención. La abuela es viuda, y aunque tiene hijos varones, estos no parecen aportar nada, económicamente, a la casa. Por lo que ella, aunque tenga poca paga de viuda, podría seguir siendo la dueña y señora de su casa, pero no lo es. Angustias es la que tiene el trabajo y el sueldo fijo, y la que lleva la economía del hogar, pero la casa sigue siendo de la abuela. Durante los diferentes episodios de la novela, y sobretodo al final, después de la muerte de Román, y con la llegada de las otras dos tías de Andrea que sólo aparecen para asistir al velatorio de su hermano, es entonces cuando vemos que la abuela había tratado siempre con preferencia a los varones de la casa, y no a las mujeres. La abuela había sido en su día la típica madre tradicional, patriarcal y androcéntrica que domina ahora en la posguerra, a pesar de que sus hijos eran republicanos. En cierto modo es como si la autora hubiera querido hacer pagar a la abuela por la injusta desigualdad con que había tratado a sus hijas y a sus hijos. Después de haber mimado y favorecido toda su vida a los hijos varones, ahora son precisamente éstos los que menos la respetan. Juan le grita constantemente, y Román, más pudiente que su hermano, aunque le pasa algo de comida, no parece que tenga mucha lástima de la precaria situación en que se encuentra su madre, aceptando que viva en malas condiciones y que ni Juan ni Angustias la respeten.

Así pues, es Angustias la que se hace cargo oficial de Andrea, al no considerar apta para ello a la abuela, y ella es también la que controlará la paga que la muchacha recibe para sus gastos. A Andrea no le gusta esta situación, pero no tiene más remedio que aceptarla, pues ellos son sus únicos parientes en Barcelona, no tiene ni conoce a nadie más, y socialmente no está bien visto que una mujer joven viva sola, especialmente si todavía tiene algo de familia. Pues, si viviera sola, se podría interpretar como que es una "mala mujer" o "mujer monstruo" (una prostituta o una mujer de ideología izquierdista, y/o atea), y su familia no quiere saber nada de ella:

> una común angustia y un rechazo horrorizado logran unir a los hombres para condenar … a la mujer-monstruo, aquella mujer que "despreciando prejuicios, convencionalismos, ligaduras sociales, ideas teocráticas, todo lo que coarta y alicorta, sigue sus instintos libremente, sin temor alguno a nadie ni a nada en esta vida, ni aunque hubiera otra, y es feliz". (Machthild 32)

De este modo, si Andrea hubiera decidido irse a vivir sola, en primer lugar su familia se lo hubiera impedido aunque ella fuese mayor de edad, y en segundo lugar la sociedad la hubiera marginado, insultado y rechazado. Por lo que es mejor que se quede en la casa familiar de su abuela, aunque se pase todo el día fuera, pero viviendo allí y aparentando una vida socialmente decente.

Andrea, desde un principio, busca también a la sustituta de esa madre ausente que le hace falta, entre los miembros femeninos de su nueva familia. Andrea es ya mayor, no como las otras dos protagonistas Matía y Natalia, por lo que más que otra madre que la controle o le diga lo que tiene que hacer, lo que busca es a una madre/hermana-amiga (como decía Freud) con quien pueda confiar sus inquietudes. La abuela es la primera figura femenina que recuerda con

"LA MADRE AUSENTE EN LA NOVELA FEMENINA
DE LA POSGUERRA ESPAÑOLA: PÉRDIDA Y LIBERACIÓN".

53

cariño los años de su infancia. Pero en seguida se da cuenta de que la abuela no es más que un bulto más de la casa, a quien nadie hace caso, e incluso parece estorbar a veces. El concepto de ternura que Andrea tenía de su abuela, cae al suelo el primer día de su llegada a la casa. La abuela no es esa madre-sustituta ideal que ella busca allí, y ni siquiera parece que pueda llegar a ser su amiga y confidente.

La tía Angustias se hace cargo de ella como su tutora. Andrea acepta obedecer a los deseos de su autoritaria tía, pues no conoce todavía a los miembros de su nueva familia y no desea tener problemas en la casa. "Yo no concebía entonces más resistencia que la pasiva" (33) decía Andrea ante la actitud autoritaria de su tía Angustias, al principio. Pero, pronto, la necesidad de salir de esa casa y de encontrar a otras personas que puedan sustituir la necesidad emocional que ella tiene, le hacen estar cada vez menos en la casa, y rechazar cada vez más a los miembros de la misma. Tía Angustias es dominante, autoritaria y casi tirana; incluso los demás miembros de la familia la llaman "bruja"; "Oí gruñir a Juan. Ya está la bruja de Angustias estropeándolo todo! .... Volvió tía Angustias autoritaria. Vamos!, a dormir que es tarde" (26-27). Por lo que Andrea decide prestar entonces más atención a la mujer de su tío Juan, Gloria, que a su tía Angustias, ya que ésta la atosiga mucho. Gloria es joven, y más atrevida que el resto de las mujeres de la casa. Gloria sale de la casa a escondidas de su marido para conseguir dinero a través del juego, y así poder comer. A Andrea le atrae la alegría de Gloria, a pesar de todo su sufrimiento, y también la libertad de que goza a escondidas. Gloria parece que es su única amiga de momento. Sin embargo, muy pronto, Gloria dejará de ser también la posible madre-sustituta y amiga confidente que Andrea desea. Pues Juan abusa física y verbalmente de Gloria y ésta sigue a su lado, a pesar de ello. Andrea no acepta en absoluto este tipo de sumisión de la mujer hacia un marido tan brutal. Y, poco a poco, también se aparta de Gloria. "Gloria viene de un medio bajo, casi ruín, y responde a su nuevo vivir de acuerdo con su origen ... su herencia, su escasa educación, puede más que las circunstancias presentes" (Illanes 80). Gloria no llegará a ser, pues, tampoco esa figura de madre/hermana que Andrea ansía tanto en su vida.

En la casa también hay una criada; pero ésta nunca atrajo a Andrea como posible madre-sustituta. La criada es un ser despreciable que sólo adora y sirve con devoción a uno de los tíos de Andrea, Román, que es un tirano y un dictador en la casa, que desprecia a todos, incluso a la criada. La criada es la imagen exacta de lo que Andrea nunca quiere llegar a ser, una sierva del hombre, que llega a arrastrase por él. Y el único sentimiento que la criada produce en Andrea es una sensación desagradable permanente:

> Al levantar los ojos ví que habían aparecido varias mujeres fantasmales. Casi sentí erizarse mi piel al vislumbrar a una de ellas, vestida con un traje negro que tenía trazas de camisón de dormir. Todo en aquella mujer parecía horrible y desastrado, hasta la verdosa dentadura que me sonreía. La seguía un perro, que bostezaba, ruidosamente, negro también el animal, como una prolongación de su luto. Luego me dijeron que era la criada, pero nunca otra criatura me ha producido impresión más desagradable. (15)

De este modo, no hay ninguna mujer en la casa en la que Andrea pueda confiar y querer. La tía Angustias acaba marchándose de la casa para meterse en un convento. Esta será la oportunidad de Andrea para empezar a independizarse de los miembros de su familia.

Andrea seguirá viviendo allí por algún tiempo más, pero ahora ella se hace cargo del control de su propio dinero, y decide lo que quiere hacer. Sin embargo, la búsqueda de esa madre-sustituta, sigue en ella, a pesar de su nueva y mejorada situación. Su compañera de universidad, y amiga Ena, tiene una madre que parece la madre ideal. Es comprensible, cariñosa, amiga de sus hijos, amada esposa. "La madre de Ena ... daba la impresión de ser reservada, aunque contribuía sonriendo al ambiente agradable que se había formado" (125). Andrea empieza a envidiar a su amiga por la familia que tiene y desea ser parte de ella. Poco a poco, irá entrando cada vez más en la casa de su amiga, y en el ambiente familiar. Sin embargo, descubre que la madre de su amiga Ena, también es débil. Tuvo un amor de juventud que fue desgraciado, y ese hombre que amó, ahora es el hombre que ama su propia hija, y que es Román, el tío aventurero y tirano de Andrea. Esto desilusiona completamente a Andrea de ver a la madre de su amiga como esa madre-sustituta que deseaba para ella, como a alguien débil también, al haber caído en las redes de un hombre como Román:

> [...] a Román ...Ya ve usted, fuimos compañeros en el Conservatorio. El no tenía más que diecisiete años cuando yo le conocí y galleaba entonces creyendo que el mundo habría de ser suyo.... Yo no quiero que mi hija se deje coger por un hombre así [...] Yo no quiero que Ena pueda llorar o ser desgraciada. (240)

Román parece afectar las vidas de muchas de las figuras femeninas de la obra, pero negativamente, pues él "encierra una serie de valores íntimamente vinculados a la mística masculina española. El significado central de Román se hace obvio por el hecho de que él ha tocado la vida de cada mujer en la novela, afectando a cada una de ellas en forma negativa" (Schyfter 85).

En este mismo capítulo de la novela, en donde la madre de Ena le cuenta a Andrea su relación con Román, la pobre mujer también le confiesa otro secreto a Andrea mucho más grave para ella: el no deseado nacimiento de Ena. "Mire, Andrea. Cuando Ena nació yo no la quería. Era mi primer hijo y no lo había deseado, sin embargo. Los primeros tiempos de mi matrimonio fueron difíciles" (*Nada* 246). Ella no quería tener hijos de su marido, con el que se casó sin estar enamorada. Y más tarde, cuando se enteró de que esperaba una niña, todavía le dolió más su embarazo, pues no quería que otro ser nacido de ella, por ser algún día una mujer, sufriese como ella sufrió en este mundo tan injusto para las mujeres, y por la posibilidad de que se enamorara, ella también, de un hombre que la hiciera sufrir: "Yo sentía remordimientos por haberla hecho nacer de mí, por haberla condenado a llevar mi herencia. Así, empecé a llorar con una debilitada tristeza de que por mi culpa aquella cosa gimiente pudiese llegar a ser una mujer algún día" (247-48). Después de esta confesión, en la que la madre de Ena le cuenta también a Andrea como la recien nacida Ena empezó a mamar y con eso a conseguir que su madre la quisiese y poco a poco la adorase, Andrea experimenta por primera vez en su vida el deseo de la maternidad, algo en lo que nunca hasta ahora había pensado ni deseado, pero que las emotivas palabras de la madre de Ena le hacen despertar en ella el deseo de la matenidad, aunque sólo fuera por un momento:

> No había más que decir al llegar a este punto, puesto que era fácil para mí entender este idioma de sangre, dolor y creación que empieza con la misma sustancia física cuando se es mujer. Era fácil entenderlo sabiendo mi propio cuerpo preparado, como cargado de semillas, para esta labor de continuación de vida. Aunque todo en mí era entonces ácido e incompleto como la esperanza, yo lo entendía. (249)

Finalmente, y después de la muerte-suicida de su tío Román, Andrea es invitada por su amiga Ena, y la familia de esta, a irse a vivir con ellos a otra ciudad, Madrid. Esta será la oportunidad que Andrea esperaba para poder salir definitivamente de la casa de sus parientes tiranos y desequilibrados. Y aunque la madre de su amiga no haya podido ser lo que Andrea buscaba, ella decide que es mejor esa madre-sustituta a medias (entre Ena y su madre), que las madres-sustitutas negativas que tenía en la casa de su abuela.

Carmen Laforet crea a la protagonista de esta novela, Andrea, como una muchacha joven, sin padres, y especialmente sin madre, por la misma razón que las autoras anteriores en sus obras mencionadas. La madre ideal, que estas autoras desean para sus protagonistas, no existe o no parece poder existir, en una época y un régimen político como el franquismo de la posguerra española. Andrea es una joven con ideas diferentes a las mujeres de clase media tradicionales. Ella quiere estudiar, y quiere ser económicamente independiente. No quiere depender de ningún hombre para sobrevivir económica ni emocionalmente. Sus ideas de independencia son demasiado "modernas" y "extranjeras," para las mujeres tradicionales de la posguerra que siguen la doctrina de la Sección Femenina de la Falange Española. La madre-sustituta de Andrea aquí, su tía Angustias especialmente, representa a esas mujeres tradicionales de la Falange que no aceptan las ideas de Andrea. Andrea puede rebelarse sin ningún remordimiento ante la voluntad de su tía Angustias, pues ésta ni siquiera parece sentir afecto por ella: "[…] sentada en el borde de la cama, me encontré en uno de mis períodos de rebeldía contra Angustias; el más fuerte de todos. Súbitamente me di cuenta de que no la iba a poder sufrir más" (102). Sin embargo, Andrea no hubiera podido rebelarse contra el prototipo de madre tradicional de la posguerra, sin sentir remordimiento y dolor, ante su verdadera madre, si ésta hubiera estado viva y hubiera sido, lógicamente, como la sociedad tradicional de la época deseaba. Esa rebelión, ante la propia madre, hubiera sido demasiado fuerte y malvada para el lector de la época. Así pues, Laforet prefiere que su protagonista sea huérfana de madre e incluso de padre, para que así la rebelión contra la sociedad de la posguerra de Andrea no sea una acción tan fuerte, y afecte negativamente a los sentimientos del lector.

**Conclusión.**

María del Carmen Riddel, en su obra *La escritura femenina en la postguerra española*, afirma también la existencia de la orfandad materna de la niña adolescente, y otros temas, como la presentación de figuras femeninas fuertes y negativas y de figuras femeninas blandas e inefectivas que coinciden en algunas obras de ciertas autoras de la posguerra española (18). Por lo que para ella, y también para nosotros, este tema de la ausencia de la madre es de gran importancia en las novelas de estas autoras, al relacionar el vacío de esta orfandad directamente con el vacío provocado por el contexto político, social y cultural de la sociedad de la posguerra española, que abandonaba o postergaba a las mujeres a favor de los hombres, de la misma sociedad y status.

A nuestro entender la ausencia de la madre o del modelo ideal materno en estas tres obras de estas tres autoras de la posguerra española, se debe a esa frustración que sienten las mujeres de la época, al ver como sus madres y las mujeres, en general, son oprimidas por la sociedad franquista de la posguerra. El contexto histórico, social y cultural de la posguerra española, en la que crecieron estas autoras, está unido, en nuestra opinión, al efecto de desear crear en sus obras, unas protagonistas huérfanas de madre. Las madres de la posguerra española, y más concretamente de la clase media, no son, en su mayoría y un gran modelo de admiración a seguir por las jóvenes adolescentes que desean algo más en la vida que casarse y tener hijos. Estas madres tradicionales son el modelo de madres que la sociedad patriarcal del gobierno fascista, la Iglesia Católica y la Sección Femenina de la Falange desean que las mujeres sigan e imiten; sin embargo, muchas de las hijas y nietas de la época ven a estas madres sufrir marginación y humillación, por parte de sus esposos y, a veces, incluso de sus hijos varones (como la abuela de Andrea y su hijo Juan), y esto no es lo que muchísimas jóvenes españolas de la época desean para ellas mismas.

Para estas autoras era mejor que sus protagonistas femeninas no tuvieran madre, para no tener que confrontar el amor materno con la negación y rechazo social. Era mejor que estas protagonistas tuvieran tías, abuelas, o criadas quienes fueran los ejemplos de madres-sustitutas tradicionales y franquistas, y así, no tener que rechazar esa marginación social y cultural en la imagen de la propia madre, símbolo de amor, y que les ha dado la vida. De este modo, en las tres novelas citadas se ve un rechazo de la domesticidad representada por la figura de la madre; y que, dado que un rechazo abierto de la figura materna habría sido demasiado difícil o fuerte para las tres autoras, optan por crear figuras femeninas represivas que no son las madres reales de las protagonistas, y algunas ni siquiera son madres (la tía de Andrea y la tía de Natalia), para que así se rebelen las protagonistas contra esas madres-sustitutas, sin que les una a ellas un lazo tan afectivo e íntimo como es, en general, el lazo con la propia madre.

La ausencia de la madre de las protagonistas femeninas de estas tres novelas, bajo el contexto histórico, social y cultural de la posguerra española, es también un aspecto muy importante que contribuye a la soledad y al aislamiento, tanto físico como emocional de estas jóvenes protagonistas; lo que nos llevará, ahora, al segundo de nuestros capítulos y temas en este estudio: Soledad y aislamiento.

# CAPITULO -II-

**II- SOLEDAD Y AISLAMIENTO.** Repliegue de la mujer protagonista en espacios interiores/exteriores, física y/o emocionalmente.

Muchas mujeres de la posguerra se sienten solas y marginadas, después de que el gobierno vencedor de la Guerra Civil les quitara los derechos ganados para la mujer antes de la guerra. "El espacio para la mujer se reducía inequívocamente al hogar, y para asegurar el cumplimiento apropiado de los principios del Movimiento, se crearon dos organizaciones femeninas principales" (Rodríguez 41-42). Estas dos organizaciones femeninas, de las que habla María del Pilar Rodríguez, en su obra *Vidas im/propias,* eran la Sección Femenina, que dependía de la Falange y el gobierno, y la Acción Católica, que dependía de la Iglesia Católica de España y Roma, las cuales se aseguraban de inculcar a las mujeres de la época una moral de servidumbre y de obediencia hacia el hombre. Por lo tanto, este contexto histórico-social y cultural de la posguerra afectó negativamente en gran medida a la mujer; e influenció, lógicamente, en muchas de las obras escritas en la posguerra, como éstas de las tres escritoras estudiadas aquí.

Marianne Hirsch dice en su obra *The Mother/Daughter Plot* que muchas escritoras anglosajonas de los siglos XIX y XX quieren que las heroínas de sus obras vivan una vida diferente de la que vivieron sus madres, y por eso es mejor que la madre esté ausente (34); es decir, que sean protagonistas huérfanas de madre para que así no tengan que tener un modelo de madre anticuado, patriarcal y androcéntrico.

Y así no tener que sufrir lo mismo que sufrieron sus madres, y tener esperanzas de poder tener una vida mejor y más justa con respecto al hombre. Sin embargo, desafortunadamente, esta orfandad hace que estas protagonistas se sientan solas y aisladas del resto de su familia y de la sociedad en que vivían.

Las figuras femeninas protagonistas en *Nada* de Laforet, *Entre visillos* de Martín Gaite y *Primera memoria* de Matute, son jóvenes adolescentes que se sienten muy solas y alienadas de sus familiares y de la sociedad en la que viven. Estas chicas no sólamente se sienten solas porque son huérfanas de madre, lo que justifica esa soledad física y emocional, sino que también se sienten solas emocionalmente, porque no saben o no pueden luchar contra la marginación y desigualdad con respecto al hombre en la que viven.

Una de estas protagonistas, Andrea en *Nada,* se va a vivir a Barcelona con su familia materna, y así poder estudiar en la universidad. Para ella este viaje era el comienzo de una ansiada independencia familiar, así como de un reencuentro con sus memorias infantiles de lo que era la familia de su madre, especialmente ahora que es huérfana de madre y padre. Sin embargo las cosas que allí encuentra son muy diferentes de las imaginadas o recordadas. Andrea no es recibida con el cariño familiar con que era recibida de pequeña, y además se encuentra con que los miembros de su familia materna están totalmente desligados unos de otros, e incluso enemistados. El ambiente allí es muy hostil para Andrea, por lo que desde muy pronto opta por autoaislarse de todos, refugiándose en su cuarto o saliendo a la calle, todo lo que puede. Andrea tiene una paga del gobierno por su orfandad, y en un principio se lo administra su tía Angustias, pero en cuanto ésta se marcha de la casa, Andrea se hace cargo total del uso de su dinero, administrándolo a veces muy mal; pues se lo gasta todo en unos días, comprando pasteles o regalos para su amiga Ena, y el resto del mes pasa muchas penurias y hambre. Andrea compra cosas para Ena para que ésta la acepte como amiga, y quizás la familia de Ena la acepten como a un miembro más de la familia; ya que Andrea siente envidia de esta familia aparentemente tan perfecta. Andrea está sola porque le falta su madre "ausente" en su vida; pero también está sola y se aparta de la sociedad en la que vive, porque no siente que forma parte de ella ni que lo pueda hacer nunca. Andrea se siente "una chica rara," como dirá más tarde Martín Gaite (*Desde la ventana* 113); pues Andrea no siente que pertenezca a ningún grupo social en concreto: no es pobre como Antonia, la criada, ni viene de un medio bajo-ruín, como su tía Gloria, pero tampoco es rica como Ena, o como la familia

"LA MADRE AUSENTE EN LA NOVELA FEMENINA
DE LA POSGUERRA ESPAÑOLA: PÉRDIDA Y LIBERACIÓN".

61

de su amigo Pons, en cuya fiesta se sintió totalmente desplazada como un cuento de la Cenicienta acabado mal.

Por otra parte, Andrea tampoco siente que pertenezca a ninguna familia; pues sus padres han muerto, y la familia de su madre, obviamente, no la abraza en su seno, como ella hubiera deseado. De este modo, todo en su vida presente parece aislarla de la gente, por lo que sus estudios y la calle serán sus únicos aliados y medios de confort en su sola y aislada existencia:

> La tentación de la calle no surge identificada con la búsqueda de una aventura apasionante, sino bajo la noción de simplemente, para respirar, para tomar distancia con lo de dentro mirándolo desde fuera, en una palabra, para dar un quiebro a su punto de vista y ampliarlo (*Desde* 113).

Matía, en *Primera memoria*, ha perdido a su madre antes del comienzo de la Guerra Civil y tampoco tiene hermanos, como Andrea en *Nada*. Ahora durante la guerra, Matía vive con su autoritaria abuela doña Práxedes, una tía y un primo; pero ninguno de éstos le da muestras de un verdadero cariño como el que ella cree que le hubiera dado su madre ausente. Por esa razón, Matía se siente sola, aunque viva con gente. Matía se siente también "rara" y diferente, como Andrea, en una familia que dice ser la suya, pero que no le muestra ningún calor familiar; por lo que la protagonista intentará refugiarse de su soledad en los cuentos que recuerda de su infancia, o saliendo de esa casa todo lo que pueda, y así poder "respirar" tranquila. Sin embargo, a diferencia de Andrea en *Nada* que ya tenía dieciocho años, Matía sólo tiene 14 años y no se le permite salir sola, pero lo hará en compañía de su primo Borja, y a veces también con su amigo Manuel Taronjí sin que lo sepa su abuela. De este modo, los cuentos de hadas de su infancia y las salidas de la casa patriarcal lograrán que Matía salga de la soledad y aislamiento que siente en ese lugar y a consecuencia de la ausencia de su madre.

Otra de las protagonistas de estas novelas, Natalia en *Entre visillos*, aunque tiene familia que la quiera, padre y hermanas, se siente también sola y abandonada por ellos. Natalia no se identifica con nadie de su familia; se siente ignorada o apartada como un mueble más de la casa. Sus hermanas Mercedes y Julia y su tía Concha no le hacen a penas caso porque es la pequeña, y su padre deja que sean ellas las que se encarguen de Natalia, ahora que ésta es una adolescente. Su única amiga, Gertru, también la abandona por un novio, Angel. Por tanto,

Natalia vive rodeada de su familia y de algunas amigas; pero se siente sola, alienada y diferente a todos ellos.

Natalia se siente "rara" también como Andrea y Matía; pues Natalia no se identifica ni con la obsesión del matrimonio de sus hermanas mayores (y solteras todavía a los 27 y 31 años), ni con la de su mejor amiga Gertru que ya se quiere casar a los 16 años. Natalia tampoco comparte con ellas esas ideas, del Gobierno y de la Iglesia, de sumisión al padre y/o esposo. De este modo, Natalia se aisla de todas ellas y se siente cada vez más sola.

Ante esta situación de soledad emocional y existencial, Natalia se refugia en su cuarto escribiendo su diario, autoaislándose de su familia que no la comprende; y se refugia también en la calle, en las conversaciones que tiene con su profesor de alemán Pablo Klein, que parece ser el único que la comprende y que la anima a seguir estudiando una carrera universitaria, para encontrarse a sí misma y tener esperanzas de un futuro más independiente.

Muchos de estos personajes femeninos se encierran en sí mismos; pues no quieren saber nada, o apenas nada, del mundo que les rodea y rechaza. La lectura de libros, la escritura, su habitación, e incluso la calle, son sus lugares cómodos donde pueden estar lejos de la gente y del mundo de excesivo comportamiento moral que las rodea; encontrando así, su perfecto refugio para su soledad y su alienación. La posguerra española está llena de limitaciones y restricciones, especialmente para la mujer, pues el Gobierno fascista y la Iglesia Católica controlan la moral y la actitud cívica y social de cada ciudadano, adoctrinando a la gente a comportarse y actuar de cierta manera, y condenando a quienes no respeten esas restricciones y limitaciones morales; lo que afectará, obviamente, a las autoras de estas novelas, y por tanto se reflejará en las protagonistas de sus novelas de la posguerra.

La ausencia de la madre, como ya hemos mencionado, es también una de las grandes causas de tristeza, soledad y desdicha de estas figuras femeninas de las novelas; las cuales empiezan a cuestionar incluso su propia existencia en este mundo al no poder encajar en la sociedad en la que viven, lo que dará resultado a la natural soledad que las rodea y a su propia alienación.

> La soledad es un camino hacia la autenticidad, por eso surge en conexión con la libertad, pero al mismo tiempo, es una categoría trágica de la existencia, que produce el vértigo del vacío, y por eso el hombre huye de ella, buscando las protecciones del mundo de la sociedad. (Roberts 119)

"LA MADRE AUSENTE EN LA NOVELA FEMENINA
DE LA POSGUERRA ESPAÑOLA: PÉRDIDA Y LIBERACIÓN".

63

Ciertamente, como dice Gemma Roberts, la soledad que sienten estas protagonistas puede darles una sensación de libertad al aislarse ellas mismas en cuartos interiores que las confortan, o en la lectura de libros; pero, por otro lado, esta soledad también tiene su efecto negativo y puede crearles una duda existencial, por lo que aunque no les guste la sociedad en la que viven, no tienen más remedio que refugiarse en la gente que vive en ella (familia, amigos), para no acabar en tragedia.

La soledad de estas protagonistas es, pues, producto directo del vacío que causa en ellas la ausencia de sus madres. Las protagonistas no tienen una madre propia en quien confiar, ni que les dé amor, ni que las guíe en el mundo de los adultos al que están llegando. Estas niñas-adolescentes, a pesar de vivir con una madre-sustituta y con otros familiares, no tienen a nadie que ejerza, verdaderamente, la figura materna ausente que ellas necesitan, y esto las retrae, las hace calladas y solitarias; por lo que tienen que buscar a esa madre-sustituta en otras personas (abuelas, tías); o en cosas (el muñeco Gorogó de Matía) y lugares (la calle de Andrea, la isla de Matía o el cuarto de Natalia), para no sentirse tan solas. Ya que la razón principal por la que se sienten solas es que se ven diferentes a las demás chicas al creerse abandonadas, y también "raras," como dice Martín Gaite en su ensayo *Desde la ventana*, al hablar de algunas figuras femeninas de su novela *Entre visillos* (Natalia y Elvira): "Las dos son chicas raras y su comportamiento está presidido por el inconformismo. El componente más significativo de estos brotes de inconformismo debe buscarse en una peculiar relación de la mujer con los espacios interiores" (Martín Gaite, *Desde* 113).

Andrea se pasa el tiempo en la calle, caminando aunque llueva; pues allí es más feliz que en la casa de sus familiares. Natalia, por otra parte, prefiere quedarse en casa, con sus libros y su diario, aunque también, de vez en cuanto, le gusta caminar por la calle con su profesor Pablo e ir al río. Sin embargo, a Natalia no le gusta ir a los sitios donde van sus amigas o sus hermanas (al casino o a fiestas) porque allí se siente todavía más alienada. Matía, finalmente, prefiere recordar los cuentos de su infancia, su muñeco Gorogó y salir a la calle a ver el mar, la vista del mar desde cualquier rincón de la isla donde vive. Una isla física, pero también emocional; pues, se siente aislada de los miembros de su familia materna porque, aunque sea de su misma sangre, la ven "rara" y la rechazan, al igual que a Andrea y a Natalia.

**Soledad y aislamiento en *Primera memoria*:**

Matía, después de sufrir la muerte de su madre y vivir unos cuatro años con su padre y su criada Mauricia, tiene que irse a vivir a casa de su abuela materna doña Práxedes; pues su padre está aparentemente luchando en la guerra, y la criada ya no se puede hacer cargo de Matía por su avanzada edad. Desde el momento en que Matía llega a la isla, lugar en donde vive su abuela, se siente inmensamente sola. Ni la familia ni el lugar parecen confortarla de la ausencia de sus seres y lugares queridos. Lugares que recuerda con intensidad ahora que se siente tan sola: "…. pensé otra vez en los ríos. Sí que habrá ríos, ríos por debajo de la tierra, hasta el mar. Cerré los ojos y entre los párpados se me filtraba un resplandor muy rojo" (93).

El paso de su niñez a su adolescencia coincide con el paso de vivir en la península con la gente que quiere y que la quieren, a vivir en la isla con gente que no parece quererla o mostrarle realmente que la quieren; por lo que es ahora cuando se sentirá más sola que nunca, y cuando se empezará a aislar de los demás. Matía habla así de su familia materna con quien vive ahora:

> Y seguíamos los cuatro, ella, tía Emilia, mi primo Borja y yo, empapados de calor, aburrimiento y soledad, ansiosos de unas noticias que no acababan de ser decisivas, la guerra empezó apenas hacía un mes y medio, en el silencio de aquel rincón de la isla, en el perdido punto en el mundo que era la casa de mi abuela. (*Primera memoria* 10)

Pues, para los ojos de Matía, no sólamente era ella la que sufría de soledad en aquella casa; sino que también los demás miembros de la familia la sufrían. Sin embargo, para los demás, la soledad era producida por la falta de noticias de la guerra, y para Matía la soledad era producto de la ausencia de su madre muerta, sin haber encontrado aquí a alguien que la sustituya, y de la incertitud que parecía tener su vida y su destino en aquel aislado lugar: "La calma, y el silencio y una espera larga y exasperante, en la que, de pronto, nos veíamos todos sumergidos, operaba también sobre nosotros. Nos aburríamos e inquietábamos alternativamente, como llenos de una lenta y acechante zozobra, presta a saltar en cualquier momento" (18). La soledad la sienten todos los miembros de la casa, hasta el punto de hacerles exasperar; pero ellos sabían que ese tipo de soledad, a causa de la guerra, acabaría algún día. Sin embargo, la soledad y el aislamiento particular de Matía no parecía que pudiera acabar también con el fin de la guerra, ni tampoco después de ella; pues era una soledad y un miedo que sólo Matía, por ella misma, debía superar.

La abuela, doña Práxedes, se hace cargo de Matía ahora; pero al ser aquélla un personaje frío y autoritario con ella, Matía se siente

"LA MADRE AUSENTE EN LA NOVELA FEMENINA
DE LA POSGUERRA ESPAÑOLA: PÉRDIDA Y LIBERACIÓN".

65

sola y tiene miedo. La distancia entre la protagonista-narradora y sus propias emociones recordadas, es lo que le produce esa alienación que siente ahora, y como su verdadera madre está ausente, en sus recuerdos recurre al confort que le producía su otra madre-sustituta, la criada Mauricia, que la cuidó y reconfortó desde que murió su madre hasta que ya, de vieja, no pudo más:

> Me parece que tuve miedo. Acaso pensé que estaba completamente sola, y como buscando algo que no sabía. Procuré trasladar mi pensamiento, hacer correr mi imaginación como un pequeño tren por bosques y lugares desconocidos, llevarla hasta Mauricia y aferrarme a imágenes cotidianas. (14-15)

Cada vez que Matía se siente mal, triste o sola, siempre recurre a los recuerdos de su niñez, que le traían alegría y calma, primero con su verdadera madre, y después con su primera madre-sustituta, Mauricia, que ella encontraba similar a su madre, por su bondad y cariño hacia ella, y a quien recurría cuando tenía miedo. Ahora Matía parece haber vuelto a perder otra madre, y no encuentra quien la pueda reemplazar.

Matía en su sentimiento de soledad y desamparo, sólo desea que alguien la quiera; y como no encuentra ese cariño en la familia con quien vive, busca ese afecto en las amistades: "Mis amigos ... ", empecé a decir; y me corté. ¿Qué amigos? Dios de los Ejércitos, ¿qué amigos son esos? (Acaso, sólo deseaba que alguien me amara alguna vez. No lo recuerdo bien)" (83). Su familia la ignora, su primo Borja sóla va con ella porque le obligan, y la usa para sus travesuras, pero no parece compartir con ella ninguna verdadera amistad, ni ningún cariño de primo. "Borja no me tenía cariño, pero me necesitaba y prefería tenerme dentro de su aro, como tenía a Lauro" (20). Su único amigo aparecerá más tarde, y será Manuel, con quien realmente se identificará y compartirá sus pensamientos y temores.

Según Marianne Hirsch, lo que las narradoras hacen en estas novelas para compensar la pérdida de la madre de sus heroínas, es sustituir a los autoritarios padres por otros hombres con cualidades mucho más cariñosas y afectivas:

> Predictably, women writers do not simply hand their heroine from mother to father; they attempt to compensate for the loss of mothers by replacing authoritative fathers with other

men who, endowed with nurturing qualities, might offer an
alternative to patriarchal power and dominance. (57)

Así pues Matía buscaba el calor fraternal (en Borja primero y en
Manuel después), ya que no encontraba el calor maternal en nadie. Y
aunque Matía sabía que su primo Borja no la quería demasiado, ella
le seguía a todas partes; pues, Borja era la única persona con quien
pasaba el tiempo, y le ayudaba a alejarse de la casa de su abuela;
olvidándose así, temporalmente, de su soledad y el desamparo de su
madre ausente:

> Borja, Borja- que si no pudimos querernos como verdaderos
> hermanos, como manda la Santa Madre Iglesia, al menos
> nos hicimos compañía. (Tal vez, pienso ahora, con toda
> tu bravuconería, con tu soberbio y duro corazón, pobre
> hermano mío, ¿no eras acaso un animal solitario como yo,
> como casi todos los muchachos del mundo?) (35)

Matía se sentía sola, pero sabía que Borja también se sentía solo
como ella, a pesar de que éste tenía allí, viviendo con él, a su madre;
pues su madre, tía Emilia, estaba viva y presente, pero parecía ausente
a todo lo que ocurría en la vida de su hijo, ya que dejaba que su madre,
doña Práxedes, se ocupase de todo lo concerniente a él. De este
modo, también Borja, en cierta manera, había perdido a su madre,
y se sentía también huérfano. Borja tenía a su padre luchando en el
frente, y su madre Emilia no era una mujer cariñosa y afectiva con él,
y prácticamente lo ignoraba durante la ausencia de su padre; por lo
que está también solo y amargado. Y por esta razón, Matía, aunque no
se llevaba muy bien con Borja, se sentía muchas veces conectada con
él por la soledad y las ausencias de sus madres que sentían. "Borja y yo
estábamos solos. A menudo, ya en la noche, golpeábamos la pared tres
veces" (113). "Borja tenía quince años y yo catorce, y estábamos allí,
a la fuerza. Nos aburríamos y nos exasperábamos a partes iguales, en
medio de la calma aceitosa, de la hipócrita paz de la isla" (12).

De su madre, muerta, Matía apenas se acuerda, y de su padre,
que está vivo pero luchando en la Guerra Civil, la memoria que
tiene de él no es de amor y dolor por su ausencia, pues incluso antes
de la guerra siempre estaba ausente; sino que es más bien casi un
desconocido para ella, que de vez en cuando le mandaba regalos, y de
vez en cuando iba a visitarla antes de la guerra: "pensé en mi padre,
qué raro que esté siempre tan lejos de él, y, en cambio, recuerde cosas
suyas: el olor de sus cigarros, su carraspeo, alguna palabra. ¿Dónde

"LA MADRE AUSENTE EN LA NOVELA FEMENINA
DE LA POSGUERRA ESPAÑOLA: PÉRDIDA Y LIBERACIÓN".

67

andaría? ¿Qué haría?" (227). Por lo que Matía no sentía su ausencia del mismo modo que la de su madre, pero sí que se preocupaba por él. Su madre era, para Matía, cariño y refugio, mientras que su padre era sólo un proveedor. Quizás lo que justifique esta situación es que los padres de Matía se habían divorciado antes de la guerra, cuando todavía se podían hacer esas cosas, lo que fue uno de los derechos que los españoles perdieron con el régimen político de Franco, después de la Guerra Civil.

Después de las primeras semanas de su llegada, Matía es internada en un colegio de monjas, Nuestra Señora de los Angeles; pero al poco tiempo de estar allí es expulsada del colegio y regresa a la casa de su abuela, a pesar de la decepción de ésta. Una de las monjas quiso quitarle el único objeto que representaba amor para ella, lo único que le recordaba a su madre ausente, y lo único que le reconfortaba de su soledad; pues el objeto era su muñeco Negro Gorogó: "Allí en la logia, apretaba a mi pequeño Negro Gorogó, que guardaba desde lejana memoria. Aquel que me llevé a Nuestra Señora de los Angeles, que me quiso tirar a la basura la subdirectora, a quien propiné la patada, causa de mi expulsión" (116). Así pues, la rebeldía que Matía mostró en el colegio no fue sin motivo como parece que dijeron, sino que fue un acto de desesperación de no perder otra vez a una madre-sustituta, como parecía que era para ella ese muñeco. Y lo único que tenía que la unía todavía a su pasado, a su feliz niñez, rodeada de personas que la querían, y lejos de los problemas y los cambios que su adolescencia le traía:

> Aquí estoy ahora, delante de este vaso tan verde, y el corazón pesándome. ¿Será verdad que la vida arranca de escenas como aquélla? Será verdad que de niños vivimos la vida entera, de un sorbo, para repetirnos después, estúpidamente, ciegamente, sin sentido alguno? (20)

Matía siente tanta nostalgia de su feliz infancia pasada, que cuestiona el futuro como algo incierto y el pasado como lo único bueno ya vivido. La etapa de la adolescencia que está viviendo ahora Matía, no es lo que ella esperaba, y la asusta. María Jesús Mayans, en su *Narrativa feminista española de posguerra*, comenta lo que la etapa de la adolescencia es para las protagonistas femeninas de estas novelas:

> El período crítico del ciclo de la vida lo representa la adolescencia, etapa en la que ocurre la metamorfosis fisica

y emocional que separa al individuo de la infancia media o
niñez.

De este modo, Matía que está en plena adolescencia, está sufriendo
esa metamorfosis de la que habla Mayans. Una metamorfosis física
por estar cambiando su cuerpo de niña a un cuerpo de mujer; y una
metamorfosis emocional porque no tiene a su madre para que la guíe,
la proteja, y la prepare para ese gran cambio. La ausencia de la madre
es una de las cosas que produce, en unos momentos tan cruciales para
la vida de una adolescente, como Matía, un miedo a crecer, a pasar
al mundo de los adultos con todos los cambios físicos y emocionales
sin nadie que la apoye y conforte en sus dudas. A Matía no le gusta el
mundo de los adultos y lo rechaza. Ese mundo está lleno de maldad
y de injusticias, por lo que no quiere vivir en él. Matía prefiere seguir
siendo una niña para no tener que enfrentarse con las barbaridades
que encuentra en el mundo de los adultos, y para ello busca un refugio
lejos de ellos. Su refugio son los cuentos, el mar, los paseos por la isla,
las conversaciones con su amigo Manuel, y su muñeco de la infancia,
Gorogó. El futuro para Matía era aterrador, y por esa razón no deseaba
llegar a él.

> "Yo sabía, porque siempre me lo estaban repitiendo, que el
> mundo era algo malo y grande. Y me asustaba pensar que aún
> podía ser más aterrador de lo que imaginaba".

En pasajes como éste, podemos ver la influencia que el
existencialismo en obras literarias que se leían en esa época, como
las del escritor y filósofo francés Jean Paul Sartre, *L' Etre et le Néant*, *La
Nausée*, tuvo en autoras españolas como Ana María Matute. La novela
existencial desarrollaba temas como la naturaleza incierta del destino
humano; y muchas escritoras y escritores españoles de la posguerra
como las tres autoras examinadas aquí, usaban a las protagonistas
de sus novelas para cuestionar el futuro de la mujer española de la
posguerra. Un futuro incierto y desilusionado, pues a la mayoría de las
mujeres sólo les esperaba el casarse y tener hijos, lo que podía ser muy
confortante para muchas, pero insuficiente para muchas otras más. El
destino de la mujer es tan previsible y limitado que muchos de estos
personajes se preguntan si vale la pena vivir para ello:

> Me sentí cansada: "Ojalá no saliera nunca de allí," pensé. No
> tenía ningún deseo de vivir. La vida me pareció larga y vana.

"LA MADRE AUSENTE EN LA NOVELA FEMENINA
DE LA POSGUERRA ESPAÑOLA: PÉRDIDA Y LIBERACIÓN".

69

Sentía tal desamor, tal despego a todo, que me resultaban ajenos hasta el aire, la luz del sol y las flores .... Quise echar a correr, escapar a algún sitio donde no me aprisionara el miedo. (237)

Matía está desilusionada de su existencia, y no tiene deseos de vivir, por lo que siente miedo del mundo de los adultos, pues le parece que de ellos sólo viene lo malo. No quiere ser una mujer adulta, quiere seguir siendo una niña; y así no tener que saber nada del mundo de los adultos. Cuando Manuel le cuenta a Matía su vida, y por lo tanto empieza a descubrirle el mundo de los adultos y sus problemas (pues Manuel es hijo ilegítimo de Jorge de Son Major), entonces, la reacción de Matía es no querer saber nada de ese mundo adulto de problemas y desgracias: "Le miré con la sangre agolpada, y un loco deseo de decir: "No, no me descubras más cosas, no me digas oscuras cosas de hombres y mujeres, porque no quiero saber nada del mundo que no entiendo. Déjame, déjame, que aún no lo entiendo". Pero a él le pasaba igual que a mí" (143-4). Más adelante, cuando su primo Borja acusa injustamente a Manuel de robarle el dinero de su abuela, Matía siente un gran dolor, no sólo por la injusticia que se le hace a Manuel, sino por empezar a ver y comprender cómo son muchas de las personas adultas y por darse cuenta de que ella se está convirtiendo en una de ellas: "En aquel momento me hirió el saberlo todo. (El saber la oscura vida de las personas mayores, a las que, sin duda alguna, pertenecía ya. Me hirió y sentí un dolor físico)" (239).

En su miedo a crecer y formar parte de ese mundo oscuro de las personas mayores, Matía se refugia en las lecturas de cuentos y en la memoria que tiene de éstos, comparando incluso a su primo Borja con el personaje de Peter Pan; pues, Borja, como ella misma, también parece tener miedo a crecer:

(*El Capitán Garfio* luchó con *Peter Pan* en los acantilados de *La isla del nunca jamás*. Borja, desterrado *Peter Pan*, como yo misma, *el niño que no quiso crecer volvió de noche a su casa y encontró la ventana cerrada*. Nunca me pareció Borja tan menudo como en aquel momento. *Hizo la limpieza de primavera, cuando la recogida de las hojas, en los bosques de los Niños Perdidos*. Y los mismos Niños Perdidos, todos demasiado crecidos, de pronto, para jugar; demasiado niños, de pronto, para entrar en la vida, en el mundo que no queríamos, ¿no queríamos?, conocer). (162)

Borja y Matía son como el personaje de *Peter Pan*, que nunca quiso crecer. Y *La isla del nunca jamás*, es como la isla en donde viven Matía y Borja, una isla solitaria, lejos de la península, y del continente, que parece quererlos aislar más aún de lo que ya están, del resto del mundo, y del resto de los niños-adolescentes, como ellos, aprendiendo a ser adultos. Desgraciadamente para Matía y Borja, los adultos que rodean sus vidas son, en su mayoría, la gente que representa la opresión y la rigidez autoritaria de un gobierno conservador y patriarcal. La acción de la novela ocurre durante la contienda de la Guerra Civil española, antes de que el general Franco se proclamase jefe del Estado español. Sin embargo, los niños ya viven la moral y las reglas del futuro régimen, pues en el pueblo dominan los nacionales, que son los seguidores de Franco, y se margina y maltrata a los republicanos, anarquistas, comunistas, cualquiera que fuera en contra de Franco o de la Iglesia Católica.

En otra ocasión, después de haber visto el cadáver de José Taronjí, padre de Manuel, en la playa de Santa Catalina, Matía muestra su miedo de nuevo; pero este miedo no es el mismo de antes (miedo a crecer), sino un miedo diferente y más real: "Sentí un raro vacío en el estómago, algo que no era sólamente físico: quizá por haber visto a aquel hombre muerto, el primero que vi en la vida. Y me acordé de la noche en que llegué a la isla, de la cama de hierro y de su sombra en la pared, a mi espalda" (51). Su miedo aquí es propio de cualquier persona, no sólamente el de una adolescente descubriendo el mundo de los adultos que no le gusta; sino que es un miedo a la muerte, un miedo a la realidad, de lo que realmente está ocurriendo en España durante la guerra, aunque sea a través de los ojos de una niña-adolescente. Las cosas no siempre acaban bien como en los cuentos de hadas que leía Matía, la realidad es otra, y la muerte llega a los malos y a los buenos también aunque sea injusto. El entorno histórico-social de la Guerra Civil hace mella en Matía sin que ella pueda evitarlo. Aunque no lo entienda, la protagonista no puede separar lo que está ocurriendo históricamente en su país (o isla), y en el mundo de los adultos que la rodean, de lo que le está ocurriendo a ella, física y emocionalmente.

Matía está confusa, continuamente; pues el miedo que experimenta con el mundo de los adultos que descubre, y la soledad que siente a consecuencia de la ausencia de su madre, la dejan desamparada ante ese mundo. Lo único que ve claro es lo que tiene todos los días en casa: "Algo había que me impedía obrar, pensar por mí misma. Obedecer a Borja, desobedecer a la abuela: esa era mi única preocupación, por entonces .... Volví a sentir, como tantas otras

"LA MADRE AUSENTE EN LA NOVELA FEMENINA
DE LA POSGUERRA ESPAÑOLA: PÉRDIDA Y LIBERACIÓN".

71

veces, un raro miedo" (56). Matía aunque sabe que ni Borja ni su abuela son buenos para ella, es lo único que tiene, y por eso se agarra a ellos, sea como sea. En su desespero por no estar sola, por buscar la madre-sustituta (en la abuela), o el lazo fraternal (en Borja), ella sigue, quizá, el famoso refrán: "más vale malo conocido, que bueno por conocer," y se apoya en Borja aunque sepa que no es una buena influencia para ella.

Por otra parte, el sentimiento de soledad en esta novela no lo siente sólamente la protagonista femenina, Matía; sino que otros miembros de la casa también se sienten solos y aislados a veces, pero por razones distintas a las de Matía. Matía se siente así por echar de menos a su madre ausente, o a alguien como ella que la sustituya; pero Borja también se siente muchas veces solo y abandonado en aquella isla de la abuela. Y aunque no quiere mostrarlo generalmente, a veces tiene momentos de debilidad y confiesa esa soledad a Matía: "Mi padre luchando en el frente contra esa gentuza [...] Y yo aquí, tan solo" (52). Matía que casi siempre se siente así, al escucharle decir esas palabras, se compadece de él y se solidariza : "Me pareció, que era verdad, que estaba muy solo, que yo también lo estaba y que, tal vez, si no hubiera sido por aquella soledad, nunca hubiéramos sido amigos" (52).

Otro personaje solitario es la tía Emilia, madre de Borja que tiene a su marido en el frente, y se ve obligada a quedarse en casa de su madre, doña Práxedes, hasta que la guerra acabe. M. Mayans comenta, en su obra mencionada arriba, esta soledad de tía Emilia: "Con frecuencia, tia Emilia bostezaba, pero sus bostezos eran de boca cerrada," y en los ratos pasados en el gabinete apenas "decía, de cuando en cuando << Si, mamá. No, mamá. Como tú quieras, mamá>>, manteniendo un contacto aparente con la realidad fuera de sí misma" (49). Esta cita de Mayans sacada en parte de *Primera memoria* (11), se refiere a cuando la abuela está hablándoles a todos, pero nadie le hace caso, y tía Emilia sólo le sigue la corriente sin prestar atención a lo que la abuela dice, y sin inmutarse. El aburrimiento y soledad de tía Emilia es tan grande que, incluso estando en compañía, su mente está siempre ausente, en otro lugar, y cuando está sola se refugia en la bebida y el tabaco, lo único que parece contentarla, mientras espera que algo ocurra, según dice Matía: "La tía Emilia estaba siempre así: como esperando algo. Como acechando .... Borja decía a veces: <<Mamá está triste, está preocupada por Papá>>" (64). Aunque, en realidad, lo que ocurre es que ella no es feliz. No es feliz en su matrimonio, pues todavía siente algo por Jorge de Son Major; ni es feliz con las personas que la rodean, por lo que se aisla de ellas: "Emilia y Matía no llegan a comunicarse eficazmente, ni a establecer una relación afectiva que satisfaga las necesidades emocionales de la niña o aminore el grado de aislamiento en el que se cobija aquélla" (Mayans 49).

Finalmente otro miembro de la casa, aunque no lo es de la familia, es la criada Antonia. La cual tiene la misma edad que la abuela y vive con ella casi toda la vida. La abuela ha manipulado su vida, su matrimonio e incluso ahora la vida de su hijo Lauro; por lo que la criada depende totalmente de ella, y ya no sabría vivir si no fuera allí con ella. Su hijo Lauro, "el chino", describe así a Antonia: "Es mi madre: no quiero que sufra por mí ... ¡Está tan sola! Ella enseñó a ese pájaro, Gondoliero, a ir de un lado a otro, cuando yo entré en el Seminario, para no quedarse tan sola" (Matute, *Primera memoria* 90). Lauro es otro personaje, como Borja, que aunque tiene a su madre a su lado, es como si no la tuviera, como si su madre estuviese ausente, también; pues, aunque él la quiere y la venera, su madre tiene tanto miedo a su ama, doña Práxedes, que hace todo lo que ella quiere incluso en lo que se refiere a la vida y futuro de Lauro. No es Antonia la que decide mandarlo al seminario, sino la abuela, no es Antonia la que lo manda ahora a la guerra a defender la "causa justa" sino la abuela. La madre también está muchas veces ausente en Lauro, y esto le traerá también soledad y aislamiento.

Fuera de la casa de la abuela, pero todavía dentro de la solitaria isla, hay otra familia que vive sola y apartada de todos. Es la familia de Sa Malene, su hijo Manuel, y otros dos hijos. Los nacionalistas han matado al padre de la familia José Taronjí, las mujeres del pueblo han rapado el pelo a Sa Malene, y ahora nadie les ayuda en su cosecha ni les da trabajo. Sa Malene y sus hijos están totalmente solos y abandonados: "Entre sus muros vivían, como en una isla perdida en medio de la tierra de la abuela, ya muy cerca del mar .... Era una gente segregada, marcada. Había en el pueblo alguna otra familia así, pero la de Malene era la más acosada" (37), decía Matía de esta familia. La familia de Manuel no se siente sola por la pérdida de su madre, sino por la muerte de su padre, el cabeza de familia que ya no los puede proteger. La madre no está ausente en esta familia, pero sí está ausente "la madre patria"; pues es la sociedad patriarcal y fascista del país la que los abandona.

De este modo, vemos que casi todos los personajes importantes de la obra se sienten solos. La isla es el lugar apropiado para mostrar esa soledad constante en estos habitantes. La isla, solitaria, aislada y apartada del resto del país; pero conectada de todos modos, a través de las leyes y actitudes patriarcales y autoritarias que los líderes del pueblo tienen (la abuela, el cura, el alcalde), y que representan a las

"LA MADRE AUSENTE EN LA NOVELA FEMENINA
DE LA POSGUERRA ESPAÑOLA: PÉRDIDA Y LIBERACIÓN".

73

tres entidades públicas que lo controlan todo, la Sección Femenina, a la Iglesia y al Gobierno. Los personajes de la novela que no están conectados a estas tres instituciones son, en general, los que se sienten solos y abandonados; especialmente las mujeres y, sobresaliendo entre ellas, Matía. Sin embargo, Matía no se siente sola y aislada de la sociedad por las mismas razones que el resto de la mayoría de la gente, sino porque le falta su madre, y lo que ésta representa para ella: seguridad, amor, compañía y la libertad de cuando ella era niña. Las madres-sustitutas de ahora no tienen nada de eso, y se siente mal, sin saber bien qué hacer. Matía es un personaje femenino que está cruzando el paso entre la niñez y la madurez, y a quién lo que ocurre en el país, en estos momentos de la guerra, está afectando en gran manera por no poder entenderlo y sentir miedo del futuro. Matía no quiere ser mayor, no quiere crecer porque el mundo de los adultos le da miedo, sobretodo sin su madre; ya que no comprende la actitud y la injusticia de éstos. El mundo infantil es mucho mejor para ella, los cuentos de hadas, su muñeco Gorogó, los recuerdos de su madre e incluso los de la criada Mauricia, la única madre-sustituta buena que ha tenido después de la muerte de su madre, todos son buenos recuerdos. Todo esto es mucho mejor que vivir con su autoritaria abuela en una isla llena de perjuicios sociales y políticos, y en la que no parece que haya salida. El futuro para Matía es tan incierto y desamparado que es mejor no llegar a él, o tardar lo más posible, retrasando su crecimiento, sino física al menos emocionalmente.

**Soledad y aislamiento en *Nada*:**

Andrea, protagonista femenina de *Nada*, es mayor que Matía, nuestra protagonista anterior, pero también se siente sola y abandonada por la ausencia de su madre como ella; y por lo tanto, también se autoaislará de la familia con quien vive.

Desde el comienzo de la novela Andrea, la protagonista, está sola. Viaja sola a Barcelona, llega por la noche y no hay nadie esperándola; por lo que tiene que ir sola a la casa de su abuela. "Era la primera vez que viajaba sola, pero no estaba asustada; por el contrario, me parecía una aventura agradable y excitante aquella profunda libertad en la noche" (Laforet, *Nada* 11). Andrea no tiene miedo de estar físicamente sola, lo que no parece importarle muchas veces; por lo que su miedo y su soledad serán interiores (temor existencial) más que exteriores (la calle, la ciudad).

Andrea, a pesar de tener ya dieciocho años y por lo tanto ser más madura que las protagonistas femeninas de las otras novelas mencionadas, siente también miedo en algunas ocasiones aunque muy pocas; pues, está todavía madurando como mujer y como persona, y lo desconocido le asusta, a veces; como cuando llega a la casa de sus parientes en Barcelona y los ve por primera vez: "Al levantar los ojos vi que habían aparecido varias mujeres fantasmales. Casi sentí erizarse mi piel al vislumbrar a una de ellas" (15), refiriéndose aquí a Antonia, la criada, que siempre iba vestida de negro y desastrada. "Tenía miedo de meterme en aquella cama parecida a un ataúd. Creo que estuve temblando de indefinibles terrores cuando apagué la vela" (19). Andrea sentía miedo por la extraña casa y los extraños habitantes de ella y, al estar tan sola y en un lugar hostil; también sintió tristeza y nostalgia por lo que había dejado atrás. "Tres estrellas temblaban en la suave negrura de arriba y al verlas tuve unas ganas súbitas de llorar, como si viera amigos antiguos, bruscamente recobrados" (19). Las estrellas le recuerdan el cielo al que estaba acostumbrada en el pueblo donde vivía, a la libertad que la naturaleza entraña, y a los momentos de felicidad que había tenido en aquel pueblo antes de llegar a la gran ciudad de Barcelona.

Con su llegada a Barcelona, Andrea trata de imaginar la llegada, también a Barcelona, de dos generaciones anteriores en su familia, sus abuelos maternos:

"Porque ellos vinieron a Barcelona con una ilusión opuesta a la que a mí me había traído: el descanso, en un trabajo seguro y metódico. Fué su puerto de refugio la ciudad que a mí se me antojaba como palanca de mi vida" (22). Para los abuelos Barcelona había sido un lugar de refugio y seguridad económica; pero para Andrea Barcelona era un lugar de libertad e independencia. Sin embargo, las cosas han cambiado mucho desde la llegada de los abuelos por primera vez a Barcelona, y también desde cuando Andrea, de pequeña, visita allí a sus abuelos. "Tenía una sensación de inseguridad frente a todo lo que allí había cambiado, y esta sensación se agudizó mucho cuando tuve que pensar en enfrentarme con los personajes que había entrevisto la noche antes" (23).

Así pues, Andrea se siente muy incómoda con todos los habitantes de la casa de su abuela, sobre todo con su tía Angustias; y por eso se refugia o se esconde donde puede: "A veces me parecía que estaba atormentada conmigo. Me daba vueltas alrededor. Me buscaba si yo me había escondido en algún rincón" (32). Angustias atormenta a Andrea con su control autoritario y moralizador, y en nadie más de la familia parece encontrar apoyo; por lo que su único placer es esconderse de ellos todo lo que puede, dentro o fuera de la casa. Según María del Pilar Rodríguez en *Vidas im/propias*: "La casa que había sido tradicionalmente el lugar seguro para la mujer, su hogar y su refugio, se transforma ahora, críticamente, en un lugar extraño, difícil y hasta peligroso" (27). La casa de la abuela es, efectivamente, un lugar extraño, difícil y hasta peligroso para Andrea, y por eso buscará siempre un rincón dentro de la casa donde poder esconderse o saldrá fuera de ella.

Dentro de la casa, Andrea envidia la buhardilla en donde vive su tío Román, pues la considera como un buen refugio del resto de la familia. "Román no dormía en el mismo piso que nosotros: se había hecho arreglar un cuarto en las guardillas de la casa, que resultó un refugio confortable" (39). Y fuera de la casa Andrea se refugia, más que nada en la calle. La calle, para Andrea, es sinónimo de libertad; pues al salir a la calle, deja atrás la casa familiar en donde vive, y todos los problemas que hay en ella. La calle, aunque es grande y al aire libre, es para Andrea un lugar de refugio en donde puede respirar a gusto y sentirse más cómoda, tanto si está sola, como llena de gente. Después de una de sus conversaciones con Román, sólo desea salir a la calle para apartarse de él y estar sola: "Así llegué a la calle, hostigada por la incontenible explosión de pena que me hacía correr, aislándome de todo" (269). En otras ocasiones, también se refugia en la calle cuando quiere huir de su autoritaria tía Angustias, lo que ésta le recrimina:

-¿Se puede saber a dónde vas?

-Pues a ningún sitio concreto. Me gusta ver las calles. Ver la ciudad ….

- Pero te gusta ir sola, hija mía, como si fueras un golfo. Expuesta a las impertinencias de los hombre. ¿Es que eres una criada, acaso? …. A tu edad, a mí no me dejaban salir sola ni a la puerta de la calle. (60)

Andrea ignoraba lo que le decía su tía y seguía saliendo a la calle en cuanto podía; pues este lugar la recortaba. Otras veces, iba a la universidad y allí se juntaba con gente joven como ella, que la entendía mejor y con quienes se sentía más amparada que con su familia. "Sólo aquellos seres de mi misma generación y de mis mismos gustos podían respaldarme y ampararme contra el mundo un poco fantasmal de las personas maduras. Y verdaderamente, creo que yo en aquel tiempo necesitaba este apoyo" (61). De este modo, así como Matía en *Pequeña memoria* todavía busca a alguien que sustituya a su madre ausente en algún miembro de su familia (la abuela primero y la tía después), Andrea ve desde el primer día que no va a encontrar a la sustituta de su madre ausente en nadie de su familia. Ni su tía Angustias que quiere ser su madre-sustituta, ni su abuela que es muy débil y un poco senil, ni Gloria ni nadie más en la casa puede ejercer el papel de madre-sustituta que pueda reemplazar a su amada madre ausente; por eso, Andrea se refugia en otros seres, que no son de su familia pero sí son seres de su generación (a excepción de la madre de Ena, a quien llega a apreciar como a lo más parecido de una madre-sustituta para ella), y quizás ellos la puedan amparar del mundo de los adultos, lo que siempre ha sido lógico entre la mayoría de los adolescentes de cualquier época.

Graciela Illanes Adaro en *La novelística de Carmen Laforet* dice sobre el personaje de Andrea:

> No pretende saber la realidad de las cosas. No tiene la curiosidad de otras muchachas. Su alma se ha encerrado en un caparazón impermeable, acaso porque a su alrededor, sin pretenderlo, ve cosas soeces, groseras. Quizás por este mismo motivo tampoco anhela ser amada. Posiblemente le teme al amor, porque los hechos se han anticipado a la evolución de su ser. (25)

Andrea no busca el amor de pareja, ni tampoco ya el amor de madre, pues al intentar superar la pérdida de su madre se da cuenta de que no puede encontrar ninguna madre-sustituta que sea como su madre, y el resultado es el desencanto. Entonces, ya deja de buscar el amor maternal, y empieza a buscar el amor fraternal. De este modo, lo que ella busca es alguien en quien refugiarse, alguien en quien ampararse como amigo y que la ayude a buscar un futuro para ella. Un futuro que, para Andrea, a veces no existe en absoluto, y que incluso le hace pensar que quizás la vida no es importante vivirla; lo que nos hace ver las ideas existencialistas de la época, comentadas aquí anteriormente, en las que el destino humano es muy incierto, y a veces incluso absurdo.

Según Gonzalo Sobejano el tema principal en la obra de Carmen Laforet es la de "un alma, capaz de comprensión y de entusiasmo, lucha por salvarse y por salvar a otros de la confusión del vivir, pero el resultado de aquella lucha viene a ser, por regla general, el desencanto" (144). Efectivamente el desencanto es el tema principal en esta novela, un desencanto de la vida motivado por la ausencia de la madre de la protagonista, que no está aquí ahora para ayudarla a crecer y comprender el mundo de los adultos; y un desencanto de la época en que vive la protagonista, la posguerra española que da pocas

"LA MADRE AUSENTE EN LA NOVELA FEMENINA
DE LA POSGUERRA ESPAÑOLA: PÉRDIDA Y LIBERACIÓN".

77

esperanzas e ilusiones a la mujer, que ha perdido muchos derechos como ser humano durante la guerra, y tiene que conformarse con ser un ciudadano de segunda clase para el Gobierno, la Iglesia y las instituciones de la época.

Sobejano también comenta ese ambiente tan solitario y existencialista de la posguerra española:

> Recordando el clima existencialista de aquellos años (*L'Etre et le Néant*, 1943) y el vacío abierto en España por las ruinas, los muertos, los ausentes, los cesantes, y los hambrientos de pan y de libertad, *Nada* tenía que parecer en 1945 un título tan oportuno como fascinante.... porque tras el entusiasmo acecha el desencanto, bajo la apariencia misteriosa se oculta la vileza y al fondo de la esperanza está la nada. (145-46)

El desencanto que encuentra Andrea al llegar a Barcelona se junta con la soledad y desesperanza, pues piensa que allí encontrará el futuro deseado para ella y no lo hace, y lo único que puede hacer ahora es, refugiarse en su soledad, recordando su pasado feliz, como cuando era niña y visitaba la casa de su abuela en Barcelona, cuando todos vivían felices, antes de la guerra, y cuando todavía vivían sus padres, y en especial su madre.

Andrea, recordando su infancia con nostalgia, compara el presente, viviendo en Barcelona con una familia que no parece quererla, con el pasado; pues el pasado con su madre viva, era mucho mejor que el presente. Andrea tiene tantas ganas de librarse del tipo de vida que tiene que vivir, que incluso tiene deseos de muerte.

> Y a mí me llegaban en oleadas, primero ingenuos recuerdos, sueños, luchas, mi propio presente vacilante, y luego agudas alegrías, tristezas, desesperación, una crispación impotente de la vida y un anegarse en la nada. Mi propia muerte, el sentimiento de mi desaparición total hecha belleza, angustiosa armonía sin luz. (42)

Andrea se siente tan sola y alienada que a veces, como no encuentra un lugar en la casa en donde poder estar y pensar a gusto sobre sus problemas, entonces se refugia saliendo a la calle. Las calles de Barcelona, a pesar de lo grandes y bulliciosas, eran el refugio de Andrea ante la soledad y el aislamiento que sentía. Andrea, desgraciadamente para ella, no puede estar siempre en la calle o en la universidad, y tiene que volver siempre a la casa de su abuela, aunque sea tarde. Allí, se siente sola y en un ambiente muy opresivo. Después de estar varios días enferma y sin podir salir de aquella casa, comenta: "El primer día que pude levantarme tuve la impresión de que al tirar la manta hacia los pies, quitaba también de sobre mí aquel ambiente opresivo que me anulaba desde mi llegada a la casa" (59). Andrea se siente muy mal en aquella casa, pues aunque vive con sus familiares éstos la ignoran, la aíslan física y emocionalmente; y lo único que recibe de esa casa es una gran autoridad patriarcal, por parte de su tía Angustias especialmente, sin consideración ninguna.

En esa casa quieren mandar casi todos, Angustias, Juan, Román, y hasta a veces parece que mande también la criada Antonia que hace todo lo que quiere. Todos, menos Gloria, que es una ingenua, y la abuela, que es la verdadera dueña de la casa, pero demasiado débil física y emocionalmente. La autoridad patriarcal, que fomentaba el gobierno fascista y androcéntrico de la posguerra junto a la Iglesia, está representada, pues, en esta casa por todas esas personas que quieren mandar, hombres y mujeres. Angustias es la que trabaja y lleva un sueldo a casa, manteniendo con él a casi todos; y por eso se cree con el derecho de mandar y dirigir la vida de todos. Sin embargo, sus hermanos no le dejan hacer siempre lo que quiere. Juan, por ser hombre, se cree tener el derecho universal de mandar sobre las mujeres, a quienes considera inferiores al hombre. Juan no tiene trabajo, se pasa el día pintando cuadros y creyendo que se mantiene gracias al dinero de ellos, pero no es así. Gloria, su mujer, los vende a los traperos o en cualquier lugar por poquísimo dinero, y luego va a jugar a las cartas, en donde probablemente hace trampas, y gana así más dinero del que ha ganado vendiendo los cuadros, y le hace creer a su marido que los ha vendido bien. Aún así, lo que Gloria trae a casa tampoco es mucho, por lo menos a los ojos de Angustias, y por eso ésta desprecia a su hermano y a su cuñada y no les deja que manden en la casa. Román tiene otro tipo de negocios que, aunque no está muy claro, parece que son negocios de contrabando u otra cosa ilegal; pero tampoco contribuye mucho a la economía familiar, sino que se queda él con la mayoría de su dinero y sólo le da algo a la criada para que le compre sus cosas y a veces incluso mejor comida que a los otros.

La abuela, aunque probablemente tenga una pequeña pensión, no cuenta para nada, y la pobre sacrifica sus objetos familiares, que vende Gloria, para poder traer más dinero a casa. Andrea, finalmente, recibe un dinero del gobierno para su mantenimiento; pero como estudia en la universidad, también tiene sus gastos y Angustias se queda con lo demás para la casa. Cuando Angustias se va de casa, Andrea

"LA MADRE AUSENTE EN LA NOVELA FEMENINA
DE LA POSGUERRA ESPAÑOLA: PÉRDIDA Y LIBERACIÓN".

79

aprovechará para quedarse con su dinero y correr con sus propios gastos, a su manera.

Con la familia con quien vive no hay ni un momento de muestra de cariño y afecto ni con ella ni entre ellos mismos. El día de Navidad, por ejemplo, lo pasan discutiendo e insultándose; pues, Angustias acusa a su cuñada Gloria de haberle robado un pañuelo bordado a Andrea. Y aunque ésta le dice que no es verdad, la discusión y la pelea familiar sigue durante toda la cena navideña. "Terminé el día de Navidad en mi cuarto, entre aquella fantasía de muebles en el crepúsculo. Yo estaba sentada sobre la cama turca, envuelta en la mala cabeza apoyada sobre las rodillas dobladas" (80). El día de Navidad, que tradicionalmente es un día de unión familiar, Andrea se aisla de los demás y se va a su cuarto; pues para ella es mejor estar sola que convivir y compartir nada con aquellos seres.

La soledad que siente Andrea no es aplacada por ninguno de los miembros de la familia, todos la desesperan y la entristecen tanto que aislándose de ellos es lo mejor que puede hacer en cada momento. Después de hablar con la abuela y ver juntas las fotografías de la difunta madre de Andrea, del padre y otras fotos familiares, Andrea está todavía más triste y cansada: "Al final me cansé y fuí hacia el cuarto de Angustias. Quería estar allí sola y a oscuras un rato" (87). Ni siquiera la buena actitud de la abuela que trata de dialogar con ella enseñándole las fotos de su madre ausente, puede hacer que Andrea salga de su aislamiento. En otra ocasión, Andrea tiene una conversación con su tío Román, con quien parecía llevarse bien al principio. En esa conversación Andrea le dice a su tío Román que no tiene miedo de él, y por fín se da cuenta de lo mezquino que es. Por primera vez, desde hacía mucho tiempo Andrea tiene deseos de cariño humano, y sabe que no lo va a encontrar ni en su tío ni en nadie más de la familia: "Me encontré sola y perdida debajo de mis mantas. Por primera vez sentía un anhelo real de compañía humana. Por primera vez sentía en la palma de mis manos el ansia de otra mano que me tranquilizara" (95). Pero esos momentos de debilidad emocional son pocos y desaparecen pronto. Con su otro tío, Juan, Andrea tampoco encuentra con quien confiar, e incluso a veces siente también miedo de la furia de su tío. En una de las discusiones en que Juan pegó una paliza a Gloria, Andrea sintió miedo y se refugió en un rincón de la casa: "Yo estaba encogida en un rincón del oscuro pasillo. No sabía qué hacer. Juan me descubrió. Estaba ahora más calmado" (133-34). Todos los miembros de aquella extraña familia tenían tantos problemas y frustaciones personales, que a ninguno de ellos parecía interesarle ser amigo y confidente de Andrea. Andrea, pues no sólo no era feliz allí, sino que no veía ninguna manera de serlo nunca, y sólo quería tener cualquier excusa para salir de allí. Tantas ganas, tenía Andrea, de salir de aquella casa, de huir, que acepta la invitación de su amigo Pons para ir a la casa de éste, aunque no se sienta atraída por él. La espera de ese día de libertad le hace sentir alegría y felicidad: "Faltaban tres días para la fiesta de Pons. El alma me latía en la impaciencia de huir. Casi me parecía querer a mi amigo al pensar que él me iba a ayudar a realizar este anhelo desesperado" (219). Una vez en la fiesta las cosas no son como ella las había imaginado, la actitud social y clasista de la familia y amigos de Pons hacen que Andrea sienta vergüenza de sí misma y de su posición social, por lo que también acaba huyendo de allí. "El sentimiento de ser esperada y querida me hacía despertar mil instintos de mujer; una emoción como de triunfo, un deseo de ser alabada, admirada, de sentirme como la cenicienta del cuento, princesa por unas horas, después de un largo incógnito" (222). Pons había sido para Andrea la esperanza y el instrumento de libertad a esa soledad que la aterraba y a ese futuro incierto y desamparado; pero también fracasó.

Pons, la familia de Ena y los amigos de la universidad son un refugio para Andrea, según Robert C. Spires:

> Andrea busca refugio en el mundo universitario representado por Ena y su familia y por Pons y sus amigos pseudo-bohemios. Este segundo mundo resulta ser falso, y por fin Andrea se da cuenta de que hay enlaces inexorables entre los dos, y tras un año de esperanzas que desembocan siempre en el fracaso, se marcha a empezar una nueva vida en Madrid. (53)

Andrea, durante el año que pasó en Barcelona viviendo con su familia materna, vivió con la esperanza de encontrar algo mejor para ella que la ayudase de su soledad interior y la complementase en su soledad exterior, pero todo había fracasado, sintió que en ese año no había pasado "nada," y que "nada" era importante en su vida. De ahí el título de la novela *Nada* que, muy probablemente, creemos que la autora lo tomó de un poema de Juan Ramón Jiménez: "Leyenda," del libro de poesía *La realidad invisible* (1917-1924*)*, en el que una de las partes del poema, titulado también "Nada," explica lo que esto significa para el poeta:

> No es posible gustar ya, oler, ver, oír, tocar la
> miseria que nos sumía en sus profusas entrañas.
> pero hay un fondo vano donde todo aquello para,

"LA MADRE AUSENTE EN LA NOVELA FEMENINA
DE LA POSGUERRA ESPAÑOLA: PÉRDIDA Y LIBERACIÓN".

81

y aunque no se sepa, sigue allí sucia la amenaza.
"Felicidad (dice el día) tu gloria está terminada".
El corazón y la frente lo repiten: "Terminada!"
pero en el nadir más triste, por su cuenta, no en palabras,
repite un eco soez: "Nada, nada, nada, nada!" (J.R. Jiménez
863)

Andrea siente que realmente había desperdiciado un año de su vida, y que en todo el tiempo que vivió en Barcelona en la casa de sus parientes no había aprendido "nada" nuevo en la vida, o al menos nada de lo que ella se había ilusionado en aprender; sin embargo, sí que aprendió mucho de la vida en ese año que pasó allí. Simplemente, no se había dado cuenta: "Me marchaba ahora sin haber conocido nada de lo que confusamente esperaba: la vida en su plenitud, la alegría, el interés profundo, el amor. De la casa de la calle de Aribau no me llevaba nada. Al menos, así creía entonces" (308).

Después de las vacaciones de verano, Andrea pensó que iba a volver a la universidad sin su amiga Ena, pues ésta se marchaba a Madrid con su familia, y recordó la soledad en que se encontró al comienzo del primer curso en la universidad: "Pensé que cuando empezara el nuevo curso lo haría en la misma soledad espiritual que el año anterior. Pero ahora tenía una carga más grande de recuerdo sobre mi espalda. Una carga que me agobiaba un poco" (283). Efectivamente, su vida iba a cambiar ahora, pues gracias a su amiga Ena y a la familia de ésta, Andrea se iba a ir a vivir ahora a Madrid con ellos, a trabajar mientras seguía estudiando, y a encontrar un futuro que antes era incierto; pero a pesar de creer que en todo ese año vivido en Barcelona no había ocurrido nada en su vida, en realidad sí había ocurrido. La trágica muerte de su tío Román le había ayudado a comprender que era necesario salir de un mundo tan desesperado y caótico si no quería acabar como él. De ese modo, cuando muere Román, la casa se llena de gente que quiere curiosear la extraña muerte del tío de Andrea que se ha suicidado, degollándose con la navaja de afeitar. Andrea llega a la casa y se ve agobiada con tanta gente en ella, por lo que desea esconderse, refugiarse en algún lugar en el que pueda encontrarse aislada del resto de la gente:

Al entrar en nuestro piso encontré que una multitud de personas se habían acomodado también allí y se esparcían invadiendo todos los rincones y curioseándolo todo, con murmullos compasivos. Infiltrándome entre aquella gente,

empujando a algunos logré escurrirme hasta el apartado
rincón del cuarto de baño. Me refugié allí y cerré la puerta.
(289)

El cuarto de baño es, pues, el único lugar de la casa en el que sabe
que puede estar sola, y alejada de todas aquellas personas conocidas y
desconocidas que andan por la casa y que perturban su aislamiento.

Ahora que Román está muerto, Andrea siente nostalgia de él
y empieza a tener crueles pesadillas en las que recuerda a Román, y
esto le hace sentirse incómoda; por lo que para refugiarse de ese
sentimiento, recurre a la calle:

> Para ahuyentar a los fantasmas, salía mucho a la calle.
> Corría por la ciudad debilitándome inútilmente … Corría
> instintivamente, con el pudor de mi atavío demasiado
> miserable, huyendo de los barrios lujosos y bien tenidos de
> la ciudad. Conocí los suburbios con su tristeza de cosa mal
> acabada y polvorienta. Me atraían más las calles viejas. (300)

La muerte de su tío Román hace que Andrea tenga sentimientos
confusos a la vez de tristeza y de liberación, de desamparo y de refugio,
de nausea existencial y de esperanza. La esperanza le llega con la
carta de su amiga Ena ofreciéndole ir con ella y su familia a Madrid;
y por lo tanto, ofreciéndole también que Andrea tenga esperanzas de
nuevo para su futuro. La familia de Ena, especialmente la madre de
ésta, será la que sustituya a la madre ausente de Andrea, y la que le
dará la oportunidad de ser independiente económicamente y libre,
hasta cierto punto, de la autoridad patriarcal y machista de la época.
De este modo, la ausencia de la madre que produjo una gran pérdida
para Andrea y que la condujo a un estado de soledad y aislamiento,
se convierte ahora en la razón por la que Andrea conseguirá su
liberación, la liberación de su familia materna y la liberación de su
soledad y aislamiento.

En otra escena de la obra, en el estudio de Guixols, cuando todos
sus amigos han ido a sus casas de verano, incluido el mismo Guixols,
Andrea va al estudio de éste y el conserje la deja entrar; pues Guixols
le ha dejado mandado al conserje que deje entrar a cualquiera de
sus amigos al estudio, durante su ausencia. Andrea, a pesar de saber
que no hay nadie en el estudio, decide entrar y mira el estudio
detenidamente, disfrutando de esa soledad que hay en ese lugar y de
esa sensación de libertad que le produce estar allí ahora, pudiendo
hacer lo que quisiera.

"LA MADRE AUSENTE EN LA NOVELA FEMENINA
DE LA POSGUERRA ESPAÑOLA: PÉRDIDA Y LIBERACIÓN".

83

**Soledad y aislamiento en *Entre visillos*:**

Natalia es la protagonista femenina de *Entre visillos* y, al igual que las otras dos protagonistas femininas de las otras novelas estudiadas aquí, también ella se siente sola y alienada en la familia en donde vive y en la sociedad en que le ha tocado vivir; ambas entidades que son conservadoras, tradicionales, autoritarias y fieles seguidoras de las moralidades impartidas por las tres grandes entidades de la posguerra, el Gobierno fascista, la Iglesia católica y la Sección Femenina de la Falange (la cual depende del gobierno).

María del Carmen Riddel, refiriéndose a las novelas de Ana María Matute, *Primera memoria*, y de Carmen Martín Gaite, *Entre visillos* decía que estas novelas inician el desarrollo de sus protagonistas subrayando su alienación, su desconexión de lo normal del grupo social, y que esto se manifestaba en las novelas por la orfandad materna de las protagonistas (69). En *Entre visillos* esta desconexión de lo normal del grupo social, de la que habla Riddel, se manifiesta a través de los dos protagonistas principales, Natalia y Pablo; pues ninguno de los dos encaja en el ambiente social de la pequeña capital de provincia. Pablo porque es extranjero, y Natalia porque ha vivido muy apartada de todo ese mundo social, al sentirse sola y aislada a consecuencia de la ausencia de su madre. A Natalia le falta el eslabón afectivo de su madre ausente, que le ayudaría a superar la difícil transición de la niñez a la edad adulta y como no lo encuentra en ninguna figura femenina de su entorno, lo busca en sus amistades del instituto, y después es su amistad fraternal con Pablo Klein. Así pues, vemos en la protagonista de *Entre visillos*, como en las protagonistas de *Nada* y de *Primera memoria*, la búsqueda que ellas hacen por un lazo fraternal que pueda sustituir a la madre ausente y que pueda ser una alternativa al poder patriarcal que reusan tanto.

La madre ausente es el eslabón efectivo que falta en la vida de Natalia; y ahora, que es una adolescente, es cuando más la necesita. Natalia no ha conocido a su madre, pues ésta murió en el parto que trajo al mundo a Natalia, pero aunque nunca la ha conocido en persona, sí que la ha sentido en los comentarios de sus hermanas, padre y tía, y por lo tanto se la ha imaginado siempre como alguien en quien ella hubiera podido confiar y que le hubiera ayudado a crecer y pasar al mundo de los adultos, probablemente, con más facilidad. Su madre verdadera está ausente, y la madre o madres sustitutas que tiene, su tía Concha y sus hermanas mayores, Mercedes y Julia, no parecen saber sustituir bien a esa madre ausente como Natalia hubiera querido.

Al morir la madre de Natalia, la tía Concha se hace cargo de ellas. Los primeros años viven en la finca que el padre tiene en el campo, y alli Natalia es feliz, tiene mucha libertad y su padre tiene una buena relación de amigo y cómplice con ella, por ser ésta la pequeña y la única que no ha podido tener a su madre con ella. Pero, con el paso de los años, la economía ha mejorado en la familia y el padre traslada a su familia a una capital de provincia, para que así las niñas se eduquen mejor, y con más relación a su nivel social. Natalia ha crecido, ya no es una niña y ahora su padre ha dejado que tía Concha se ocupe más de ella y de su educación; a lo que Natalia protesta con insistencia:

> la tía Concha nos quiere convertir en unas estúpidas, que sólo nos educa para tener un novio rico, y que seamos lo más retrasadas posible en todo …. Antes, de pequeña, papá … a tí te gustaba que fuera salvaje, que no respetara ninguna cosa. Te gustaba que protestara, decías que te recordaba a mamá. (233-34)

La madre ausente es símbolo de libertad y de rebeldía que se ve representada en Natalia. Tali no tiene ahora un modelo ideal de madre que le enseñe a crecer en el mundo de los adultos, un mundo en el que sólo imperan las leyes morales de esta ciudad de provincia que representa, de nuevo, las tres instituciones importantes y dominantes de la posguerra española, el Gobierno, la Iglesia y la Sección Femenina.

Gonzalo Sobejano conecta la obra de *Entre visillos* también con las ideas realistas y existencialistas, destacando el sentimiento de soledad y aislamiento que siente la protagonista de esta obra, Natalia, y una gran cantidad de personajes femeninos que aparecen también en ella:

> Pertenece *Entre visillos* a esa línea de novelas crítico-realistas sobre la estrechez provinciana …. Lo sustancial no está, naturalmente, en estos casos de amor, … sino en la atinada sencillez con que la autora hace sentir la angosta existencia de la burguesía provinciana: los visillos, el mirador de la mesa camilla, …. la feria, los toros …. el hastío de las tardes dominicales, la ambición impotente de la mujer que anhela ser distinta, la enmohecida autoridad paterna, la aislada madurez de una conciencia adolescente. (494-95)

La mujer española de la posguerra no tiene muchas esperanzas de tener una propia identidad en su vida. La vida de estas mujeres está ya definida a ser como un ciudadano de segunda clase con respecto al

"LA MADRE AUSENTE EN LA NOVELA FEMENINA
DE LA POSGUERRA ESPAÑOLA: PÉRDIDA Y LIBERACIÓN".

85

hombre. Su existencia es angosta y, a veces, desesperada, porque saben que no tienen futuro esperanzador. De ellas sólo se espera que sean buenas esposas, madres y amas de casa; y como dice Natalia que hace su tía Concha con ellas, su esperanza es poder casarse lo mejor posible; es decir, con un hombre rico, o por lo menos con alguien que pueda sustentarlas el resto de su vida.

A Natalia no le gusta ese futuro que se espera de ella, y al que la está preparando su tía, junto a sus hermanas. Natalia no es como sus hermanas, ni lo quiere ser; y por eso prefiere aislarse de los miembros de su familia, y para ello se refugia en su cuarto, escribiendo en su diario, o saliendo a la calle y conversando con su profesor Pablo Klein, que es el único que parece comprenderla y darle esperanzas.

> De aquí que la imagen de esta joven sea la del personaje reivindicatorio, solitario que, al no encontrar satisfechas sus propias necesidades se aisla buscando en sí misma la independencia y la libertad que percibe afectada por los convencionalismos que rigen la vida dentro de la estructura de la sociedad. (Mayans 186)

De este modo, Natalia intentará aislarse de su familia y de todo lo que le haga sentirse limitada; por lo que esto causará que también se aparte del grupo social normal de la pequeña burguesía en la que vive, y cuando tenga que formar parte de ese grupo social no sabrá ni querrá actuar como ellos. Cuando un día sale a pasear con su amiga Gertru y el novio de ésta, Angel, van al Casino y allí se juntan con un amigo de Angel, Manolo Torre, que les está guardando mesa. Natalia se siente muy incómoda porque no está acostumbrada a socializar con hombres ni a ir al Casino; y las preguntas que éstos le hacían le incomodaban: "Que no hablen de mí -se repetía inténsamente con las uñas clavadas en las palmas. Que no me hagan caso ni me pregunten nada" (67).

Natalia es tímida y retraida, por lo que estar en el Casino rodeada de tanta gente, y sin tener nada en común con ellos, le hacen sentirse mal y desea salir de allí. Cuando la invitan a bailar dice: "Es que yo no sé bailar, de verdad. Me da vergüenza. Vaya a sacar a otra chica. A mí no me importa que me marcho en seguida–…. Al quedarse sola, sentía Natalia que le zumbaba todo el local vertiginosamente alrededor. Estuvo un rato con los ojos cerrados" (70). La calle, el aire libre, es lo que le tranquilizaba: "Natalia respiró fuerte mientras se alejaba hacia las calles tranquilas" (71).

En *Entre visillos,* Natalia representa a esa adolescente que no conecta con el mundo de los adultos porque no le gusta, y porque no le reconfortan de la ausencia de su madre, o de la seguridad y felicidad que la presencia materna, o paterna, en su caso, representaban para ella en su niñez Natalia no sabe bailar, ni le gusta; y por eso se aísla de la gente como su amiga Gertru y los nuevos amigos de ésta. Gertru ya no es la compañera de instituto de Natalia que compartía sus problemas y sus esperanzas de niña. Gertru ha crecido y ha entrado rápidamente en el mundo de los adultos, un mundo que a Natalia no le atrae en nada, todavía, por todo lo negativo e injusto que ve en él; y se separa de ese mundo todo lo que puede, como hiciera Matía en *Primera memoria.*

"Este separatismo de índole social representa el condicionamiento inhibidor que afecta a la persona adolescente, quien crece con la tendencia a desarrollar un íntimo sentimiento de alienación, de confusión ante la realidad y, en el caso de la mujer, la conciencia de encontrarse frente al mundo en una situación de desventaja" (Mayans 105). Natalia, como todas las mujeres de esa época, se encuentra en una situación de desventaja social con respecto al hombre. El hombre puede hacer lo que desee, siempre que pueda hacerlo económicamente; pero la mujer no. La mujer no puede estudiar una carrera si no es con el consentimiento de su familia, y tampoco puede elegir la carrera que quiera, si no lo aprueba la sociedad en general, o el Gobierno y la Iglesia Católica de la época especialmente. Las desventajas del mundo adulto entre hombres y mujeres son enormes y Natalia lo sabe; por eso se resiste a crecer, a convertirse en una adolescente-mujer lista para entrar en sociedad:

> "Tendrá catorce años," dice Isabel de la hermana pequeña de Mercedes y Julia,
> "Qué va. Ya ha cumplido dieciséis. Ella que se descuide y verá. De trece años las ponen de largo ahora. Pero se ha emperrado en que no, y como diga que no … Fíjate, si ya le había traído papá la tela para el traje de noche y todo". (Martín Gaite, *Entre visillos* 26).

El acto social de "ponerse de largo" es el momento en la vida de las jóvenes de clase social media y alta para decir al mundo que ya es una adulta y que ya está lista para casarse. Natalia rechaza totalmente ambas cosas; ni está lista para entrar en el mundo de los adultos, ni está lista para casarse y perder así la poca libertad que todavía tiene, en estos años de niñez-adolescencia.

"LA MADRE AUSENTE EN LA NOVELA FEMENINA
DE LA POSGUERRA ESPAÑOLA: PÉRDIDA Y LIBERACIÓN".

87

Coincidiendo, de este modo, con la personalidad del personaje de Matía en *Primera memoria*, que también rechazaba, en muchos aspectos, el mundo de los adultos y a veces no deseaba crecer y ser parte de ese mundo adulto.

En su casa hay continuas discusiones entre los mayores de la casa por cualquier cosa, cuando hay esas discusiones o la regañan por algo, Natalia trata de ignorar lo que le dicen y de pasar lo más desapercibida posible; pues se ha dado cuenta de que así la dejan más en paz. "Procuro pasar lo más inadvertida posible. Me he dado cuenta de una cosa: de que en casa para pasar inadvertida es mejor hacer ruido y hablar y meterse en lo que hablan todos que estar callada sin molestar a nadie" (223).

Por otra parte, Natalia también se separa voluntariamente de las relaciones sociales y fraternales con sus hermanas mayores, pues la diferencia de edad y gustos entre ellas es grande y el mundo de la niñez a la madurez, representada por ellas, es aún más grande para Natalia. Como señala Mayans:

> De otra parte Natalia, voluntariamente aislada de las hermanas por su dedicación al estudio y por "la manía de estar siempre en otro lado, como la familia escocida" (20), representa el subgrupo más individualista del microcosmo, hasta el punto de evitar relacionarse con los demás para quienes es simplemente una salvaje, y en consecuencia, la menos integrada socialmente de las hermanas. (Mayans 166)

Natalia está tan incómoda en su casa, a veces, a causa de los problemas de sus hermanas y su tía Concha, que prefiere quedarse más tiempo en el instituto o pasear por la calle. Cuando el profesor no llega a clase, las alumnas se van a casa, pero Natalia desea quedarse: "Casi todas se fueron a las seis y media, y yo esperé un poco más todavía para no llegar tan pronto a casa" (180). Pero una vez en casa, intenta recluirse en su cuarto, para no tener que hablar con nadie, ni que nadie la recriminase por nada. "Al volver a casa me metí enseguida en mi cuarto y me quité la gabardina y los zapatos para que no notasen que venía mojada" (181). Otro día, después de haberse retrasado para llegar a casa, decide llegar más tarde aún, pues sabe que igual la van a reñir: "Me pesaban los pies, subiendo la cuesta, de las pocas ganas que tenía de volver a casa. Ya me daba igual tardar un poco más o un poco menos, iba a tener que dar explicaciones de todas maneras" (190).

La soledad de Natalia es producida por ese rechazo a la sustituta de la madre ausente, que no es lo que ella hubiera deseado que fuera;

y ese aislamiento es también producido por el miedo al mundo de los adultos que no comprende y no quiere aceptar para ella. Natalia acabará rebelándose a su padre, diciéndole todo lo que piensa para que él le deje seguir estudiando una carrera universitaria; y si es posible, lejos de allí, para así ser también independiente de ese mundo tan autoritario de la época.

Además de Natalia, la protagonista femenina de esta novela, también Elvira es otro de los personajes femeninos que no aceptan de buen grado la situación que la mujer de la posguerra española tiene que vivir. Elvira es una mujer que desea vivir su propia vida como pintora, y sentir el verdadero amor (que a veces parece ser Pablo) en libertad; pero no se atreve del todo a enfrentarse con las normas sociales de la época, como al final hace Natalia; y vive triste, sola y amargadamente.

Elvira está de luto, pues su padre se acaba de morir, y las normas sociales le obligan a guardar luto y, por lo tanto, a no salir de casa más que para lo necesario, y a no tener derecho a ninguna diversión por un largo período de tiempo. "Elvira se levantó a echar las persianas y se acordó de que estaría por lo menos año y medio sin ir al cine. Para marzo del año que viene no. Para el otro marzo. Eran plazos consabidos, marcados automáticamente con anticipación y exactitud, como si se tratase del vencimiento de una letra" (114). Por esa razón, Elvira aprovechaba cualquier momento para salir a la calle y respirar un poco de libertad. "Era muy grande entonces la calle y estaba llena de maravillas" (124). La calle le daba libertad y también aislamiento del luto que tenía que llevar y que era tan estricto dentro de su casa. O también, cuando estaba en casa sola, abría las ventanas y balcones para sentir el aire fresco y libre de la calle, ahora que nadie podía impedírselo: "Elvira se quedó sola …. Es una casa de luto, había dicho. Elvira se asomó al balcón y respiró con fuerza" (122). La soledad y aislamiento que siente Elvira es tan agobiante, que a veces necesita respirar el aire de la calle para sentirse un poco libre.

Elvira parece reconfortarse, también, de su soledad recluyéndose en su cuarto y escribiendo, lo que a Natalia le parece ser un diario. Cuando Natalia y su hermana Julia van a visitar a Elvira, ésta está en su cuarto con el pretexto de que le duele la cabeza; pero ellas, al entrar al cuarto de Elvira, ven que estaba escribiendo: "Me parece que se sobrecogió al oir que pedía Julia permiso para entrar, y se puso a recoger unos papeles que tenía en la mesilla de noche, como yo cuando hago el diario. A lo mejor hace diario ella también" (228). Natalia se refugiaba en su diario porque le conectaba con su niñez, la época en que no se sentía ni sola ni aislada; quizá ahora Julia también

"LA MADRE AUSENTE EN LA NOVELA FEMENINA
DE LA POSGUERRA ESPAÑOLA: PÉRDIDA Y LIBERACIÓN".

89

esté sintiendo lo mismo y, a través de ese diario o notas que escribe a Pablo, sienta que eso la transporta a un mundo, más irreal, pero mejor. Al final de la novela parece que acaba resignándose, y se casará con Emilio, su pretendiente.

Otro personaje solitario es Julia, la hermana mediana de Natalia, que también se siente aislada, muchas veces, del resto de su familia (excepto con Natalia); pues quiere irse a vivir a Madrid con su novio, pero en casa no la dejan, ni siquiera quieren comprenderla o ayudarla. Su padre, su tía Concha y su hermana mayor, Mercedes, están en contra de que se vaya a Madrid; mientras que por otro lado, su novio Miguel, no para de atosigarla para que se enfrente a su familia y se vaya a Madrid con él. El miedo a enfrentarse con las normas sociales que impone su familia, le hace sentirse muy deprimida. Natalia, la hermana pequeña, es la única que la comprende y apoya, y por eso se refugia en ella: "Le daban ganas de escapar; se fue al cuarto de Natalia" (159). Después de otra discusión con su tía Concha, acerca de haber ido hasta muy tarde a una fiesta en el Gran Hotel de la ciudad. Julia se pelea con su hermana Mercedes, que aunque sólo tiene un año más que Julia, Mercedes es tan anticuada y conservadora como la tía Concha. Las dos hermanas no se hablan ahora, pero no tienen más remedio que seguir durmiendo en la misma habitación: "Entró de puntillas y se acostó sin atreverse a dar la luz. Era incómodo no tener una habitación para ella sola. Su hermana no se movía ni hacia nada, pero esa noche conocía Julia que estaba despierta en que no la dejaba dormir a ella y le impedía sentirse libre con sus recuerdos" (177). Los recuerdos eran de la tarde romántica que había pasado junto al río con su novio Miguel. Pero ahora, en aquella habitación compartida con su hermana, no podía ni siquiera revivir esos momentos felices.

Los problemas que Julia tiene con su hermana Mercedes son fruto de la moral estricta que reinaba durante los años de la posguerra en España. Esta moral la decidían las tres entidades anteriormente mencionadas, que dominaban España en ese tiempo, el Gobierno, la Iglesia y la Sección Femenina. "Esa moral es la que aliena a las mujeres, personajes que aparecen en la novela, personajes que siguen siendo convincentes; es posible interesarse por sus dolores y sus expectativas y, todos juntos, constituyen un lúcido testimonio que perdura" (Alemany Bay 69-70). Es decir, a causa de esa moral tan estricta que domina el contexto histórico-social y cultural de la época, las mujeres muchas veces se sentían alienadas, solas, apartadas de la sociedad con respecto al hombre; y esto es lo que vemos en los personajes de las hermanas de Natalia, Julia y Mercedes, cuando se pelean y discuten sobre el hecho de que Mercedes no se casará nunca, y será una solterona más. Las mujeres, aquí, están sólo para servir y ser fiel al hombre; por lo que su objetivo en la vida era casarse y tener hijos:

El franquismo [ …] divulgaba la imagen de la mujer que completamente fiel al hombre debía dedicarse a *kirche, kinde, kuche*, la iglesia, los niños y la casa; alcanzar esa alegría espúrea de que fue símbolo el rictus de Isabel la Católica en las revistas femeninas de aquellos años. (Alemany Bay 70)

Una imagen de la mujer que hace alusión a la época de la Reconquista española, y que no es muy esperanzadora para muchas de las mujeres de la posguerra como los personajes femeninos de Natalia, Elvira, y muchas más.

Según Ana María Fagundo, y con quien coincidimos también, las obras de Martín Gaite muestran en gran medida el aislamiento y la soledad angustiada de las mujeres de la posguerra, a través de muchos de los personajes femeninos de estas obras:

hay un intuitivo reconocimiento por parte de la narradora de las situaciones de aislamiento, soledad, desconcierto y búsqueda en que están sumidos los personajes de sus cuentos: personajes cuyas vidas discurren presas de rutinas confinadoras (muchos de los personajes masculinos) o soledades angustiosas (casi todos los femeninos) … la autora está hincando el bisturí en las frustraciones, anhelos, fracasos, miedos e ilusiones de nuestra especie humana. (151-2)

Nosotros añadimos aquí, que ese aislamiento en las protagonistas está provocado por la necesidad de que ellas tengan una madre ausente, para que éstas jóvenes no tengan que confrontar su desconcierto y frustración, con lo que ocurre histórica y socialmente en la posguerra española, con sus propias madres, que han sufrido para darles la vida. La ausencia de sus madres les causará un sentimiento de soledad en la sociedad y en las familias con quienes viven, pero en su sufrimiento y lucha también conseguirán, en su mayoría, su liberación.

Natalia es un personaje femenino solitario, desconcertado que busca salir de esa soledad y de ese desconcierto en su vida, lleno de miedo y anhelos. Natalia se repliega en espacios interiores, su cuarto, su diario, y en espacios exteriores, la calle, su profesor del instituto, para así protegerse de esa soledad y aislamiento, provocada por la ausencia de la madre que nunca conoció y que le hubiera gustado tanto conocer; y así, quizá, algún día pueda ser, a pesar de un futuro

"LA MADRE AUSENTE EN LA NOVELA FEMENINA
DE LA POSGUERRA ESPAÑOLA: PÉRDIDA Y LIBERACIÓN".

91

incierto, como su madre: salvaje y libre. La continuación de sus estudios será lo que tendrá, ahora, como esperanza de un futuro mejor para ella como mujer en un mundo dominado por hombres, y eso es ahora lo mejor que puede hacer como un honor a la memoria de su madre, rebelarse contra su padre y la sociedad patriarcal y androcéntrica, y conseguir estudiar en la universidad.

**Conclusión:**

Las tres protagonistas de estas novelas estudiadas aquí como muchas mujeres de la posguerra se sienten solas y marginadas, por estar sus madres ausentes, y después de que el gobierno hiciera desaparecer muchos de los derechos ganados para la mujer antes de la guerra. El Gobierno, la Sección Femenina y la Iglesia Católica, entidades importantes de la posguerra, se aseguraban de que las mujeres de la época aprendiesen y llevasen una moral de servidumbre y obediencia hacia el hombre. Este contexto histórico-social y cultural de la posguerra afectó mucho y negativamente a la mujer; e influenció, lógicamente, en muchas de las obras escritas por mujeres en la posguerra, como las investigadas aquí.

Las tres jóvenes protagonistas de estas obras sienten el efecto de ese estricto contexto histórico-social y cultural de la época en sus propias vidas, y por eso se sienten solas. Se sienten solas y alineadas también por que les falta su madre, que está muerta y que hubiera representado para ellas el modelo ideal de mujer a seguir. Pero para tener una madre sumisa y servicial al hombre como promulgaban el gobierno y la iglesia de la posguerra que tenían que ser, las autoras han preferido eliminarlas, es mejor que ese tipo de madre esté ausente, y que las protagonistas se inventen en su imaginación el cómo les habría gustado que fueran sus propias madres. Manteniendo esa imagen ideal de madre, y no teneniendo que sufrir la humillación de ver a su propia madre como las que la sociedad de la posguerra quería, es como quieren las autoras que estén sus protagonistas. Sin embargo, las protagonistas se sienten solas y alienadas, pues les falta la madre que está ausente, y la madre-sustituta que tienen no es como su madre verdadera, que probablemente las hubiera podido ayudar a crecer en ese mundo adulto, tan injusto para la mujer como es el de la posguerra española. Estas niñas-adolescentes buscan un refugio para su soledad y lo encuentran en rincones aislados de sus casas, en los libros o diarios, y en la calle. Ellas mismas se autoaislan, se aislan de sus familias y de la sociedad que las rodea porque no les gusta lo que ven en ellas, y no quieren ser parte de ellas, prefieren soñar, vivir imaginando lo bonito y maravilloso que hubiera sido para ellas crecer con su madre verdadera, y que ésta no fuera como las madres que el franquismo proponía y exigía.

La ausencia de la madre es, junto al contexto histórico-social y cultural de la posguerra española que diferencia injustamente al hombre de la mujer, la gran causa de la tristeza y desdicha de estos personajes femeninos; y lo que dará resultado a la natural soledad que las rodea. Por lo que en un principio las protagonistas buscan también a alguien que puedan sustituir el vacío que les provoca la ausencia de sus madres. En su búsqueda por una madre-sustituta estas protagonistas buscan entre los restantes miembros femeninos de sus familias o entre sus amistades, pues intentan encontrar a alguien que las comprenda y ayude, antes que decidir por la absoluta soledad. "A third distinctive feature of a positive gynocentric vision is a woman's preference fo intimacy over isolation, interpersonal engagement over separateness" (Wilcox 7). (Un distintivo tercer aspecto de una positiva visión ginecéntrica es la preferencia de la mujer por lo íntimo sobre la soledad, de la relación interpersonal sobre la separación). Sin embargo, es muy difícil encontrar la madre-sustituta ideal, por lo que se desencantan muchas veces de la vida, cuando no encuentran a nadie que sustituya a su madre, o al papel de ésta.

Hirsch, aludiendo al estudio de Freud sobre el "Familien Roman" que hemos mencionado más arriba, dice que solamente los lazos maternos pueden ser sustituidos por los lazos fraternos, como apoyo y protección de la autoridad paternal; pero nosotros añadimos aquí, que estos lazos también fallan (34). Nuestras protagonistas, Matía, Natalia y Andrea, no desean realmente estar solas; sino que buscan a alguien entre sus familiares y amigos que pueda sustituir al vacío que ha quedado en sus vidas por la ausencia de sus verdaderas madres. Estas jóvenes mujeres no tienen ni hemanos ni hermanas (excepto Natalia, pero sus hermanas son tan mayores a ella, que la diferencia de edad entre ellas hace que parezcan más que hermanas, madres e hija). Matía busca llenar ese vacío y soledad en su primo Borja y más tarde en su amigo Manuel, Natalia en Pablo, el profesor de alemán, y finalmente Andrea en su tío Román, al principio, y en Ena y sus amigos de la universidad, después. Los lazos fraternales y de amistad, que unen a estas protagonistas con las personas en quienes buscan a alguien que sustituya el vacío de sus madres, son diversos y van desde la amistad casual de Natalia y su profesor, hasta el lazo consanguíneo de Matía y su primo Borja, pasando por la amistad fraternal de Andrea y su amiga Ena. Algunos lazos fallarán, como Matía y Borja, o Matía y Manuel; otros tendrán esperanzas, como Natalia y Pablo Klein, y otros tendrán posibilidades de éxito, como Andrea con Ena y Andrea y la familia de

"LA MADRE AUSENTE EN LA NOVELA FEMENINA
DE LA POSGUERRA ESPAÑOLA: PÉRDIDA Y LIBERACIÓN".

93

Ena. De este modo, lo que las protagonistas encuentran en estos lazos fraternos, o amistosos, no siempre les ayuda a resolver su angustia sobre la incertitud del mundo adulto y androcéntrico que les espera; pero sin embargo, al final, cada una a su manera, encontrará algo a lo que acogerse (generalmente los estudios), y en lo que poder tener un poco más de esperanza para ese futuro incierto que las depara.

La soledad y el aislamiento que sienten estas protagonistas durante su niñez- adolescencia con respecto a sus familias y/o amigos, y a consecuencia de la ausencia de sus madres; las hace ir en busca de una madre-sustituta primero, y de una figura fraternal después. Estas figuras fraternales son en general femeninas (excepto para Matía, que todavía es una niña), pues estas protagonistas se sienten más a gusto compartiendo sus inquietudes con otras jóvenes mujeres que con hombres, aunque en algunos pocos casos también serán figuras fraternales masculinas. Por esta razón, las autoras crean en estas novelas una gran galaxia de personajes femeninos, y unos cuantos menos masculinos; para que así las protagonistas tengan un mayor campo de búsqueda y de encuentro de esas figuras fraternales que necesitan en sus vidas para superar la ausencia de sus madres en el contexto histórico, social y cultural de la posguerra española.

# CAPITULO -III-

**III- GALAXIA FEMENINA.** Abundancia y relevancia de los personajes femeninos y marginalidad o irrelevancia de los personajes masculinos.

En este capítulo queremos examinar el tema de la situación marginal de la mujer de la posguerra con respecto al hombre, común en estas tres novelas de las escritoras estudiadas aquí: *Primera memoria* de Matute, *Entre visillos* de Martín Gaite y *Nada* de Carmen Laforet. Para mostrar esa situación marginal de las mujeres, dichas autoras utilizarán, en general, una gran cantidad de personajes femeninos en sus obras, que nosotros llamaremos aquí "Galaxia femenina," y cuya importancia en las obras será superior a la de los personajes masculinos. La mayoría de estos personajes femeninos, excepto las protagonistas, representan el orden patriarcal y la represión de la guerra y posguerra española (Doña Práxedes, Tía Concha, Tía Angustias). En contraposición, las mujeres protagonistas representan el rechazo a ese orden patriarcal, y los deseos de igualdad e independencia de las mujeres con respecto a los hombres. Por otro lado, en las mismas novelas, aunque también hay bastantes personajes masculinos, éstos tienen mucha menos importancia que los personajes femeninos. Y los personajes masculinos que aparecen representan en general, y a excepción de muy pocos (Manuel, Pablo Klein), al gobierno conservador de la posguerra española.

La Galaxia femenina en estas novelas nos ayuda también a los lectores a comprender el por qué de la preferencia de las autoras de representar una madre ausente en las obras mencionadas, pues a

"LA MADRE AUSENTE EN LA NOVELA FEMENINA
DE LA POSGUERRA ESPAÑOLA: PÉRDIDA Y LIBERACIÓN".

95

pesar de haber esa gran variedad (y a veces cantidad) de personajes femeninos en las novelas estudiadas, las protagonistas no encuentran a nadie o a casi nadie que pueda sustituir el lazo maternal que las une a ellas con sus madres y muertas. Al principio de su orfandad y antes de la historia de estas novelas, las protagonistas tienen una madre-sustituta más o menos aceptable. Matía tiene al principio a la criada Mauricia, Natalia a su padre y Andrea a su prima Isabel; pero al comienzo de estas tres historias estos personajes, que son sus madres-sustitutas, desaparecen o dejan de ejercer ese papel de madre-sustituta, tan importante para las protagonistas.

La mujer es la protagonista de estas tres obras elegidas en este estudio y de muchas otras más obras de estas autoras. En la sociedad patriarcal de la posguerra española, representada en estas obras, hay muchas figuras femeninas que perpetuan un *status quo* que es anti-mujer y, relativamente, hay pocas figuras femeninas que defienden los derechos y la igualdad de la mujer con respecto al hombre. Estas pocas, niñas-mujeres protagonistas son las que, sufriendo la ausencia de la madre, nos muestran las necesidades que tienen de encontrar un modelo de mujer que puedan admirar e imitar como el que hubieran querido tener en sus propias madres, y que no encuentra en los personajes femeninos que las rodean.

Como contexto histórico-político y social de la época nos referimos aquí, principalmente, al ensayo de Carmen Martín Gaite *Usos amorosos de la postguerra española*, donde la descripción de la relación del Gobierno, de la Iglesia y de la Sección Femenina de la Falange con la mujer española se podría comparar con la del amo y la esclava. La Sección Femenina, concretamente, era una rama política de la Falange española, adoptada por el gobierno de Franco porque le convenía enormemente, para su política, su antifeminismo. También nos referiremos a otros estudios hechos sobre novelas escritas durante esta época en España, que nos aportarán un valorado contexto histórico, social y cultural.

Después de la Guerra Civil española (1936-1939), y con la victoria de las fuerzas franquistas sobre el gobierno republicano, el papel de la mujer cambió mucho en la sociedad española.

> Con la II República (1931-36) las mujeres consiguen, al menos teóricamente, sus aspiraciones más elementales; durante la Guerra Civil se registra una radicalización de las posiciones de las mujeres en el territorio leal a la República, mientras que en la zona sublevada se inicia la marea antirreformista. De nuevo, en 1939, con la extensión

del régimen franquista a todo el Estado, se restaura el
ideal tradicional de la mujer, con una férrea vigencia hasta
principios de los años 60, momento en que empieza a ser
cuestionado. (Díez 24)

De este modo, a partir de 1939, las cosas cambiaron radicalmente
para la mujer española. La Sección Feminina de la Falange española,
apoyada por el gobierno, empezó a controlar la vida de las mujeres
españolas para enseñarles de nuevo que su papel en la vida era la de
madres y figuras religiosamente piadosas. El machismo fascista de la
España de Franco se convirtió en la filosofia dominante en la vida de
estas mujeres.

Martín Gaite, en su ensayo también nos muestra cómo cambió la
vida de las mujeres españolas después de la República, y con la llegada
de Franco al poder:

Al concluir la guerra civil española ... , la propaganda
oficial, encargada de hacer acatar las normas de conducta
que al Gobierno y a la Iglesia le parecían convenientes para
sacar adelante aquel período de convalecencia, insistía en
los peligros de entregarse a cualquier exceso o derroche.
Y desde los púlpitos, la prensa, la radio y las aulas de la
Sección Femenina se predicaba la moderación. Los tres
años de guerra habían abierto una sima entre la etapa
de la República, pródiga en novedades, reivindicaciones
y fermentos de todo tipo, y los umbrales de este túnel de
duración imprevisible por el que la gente empezaba a
adentrarse, alertada por múltiples cautelas. (*Usos* 12-13)

El final de la guerra que para muchos fue comienzo de paz y de
tranquilidad, para otros, especialmente para la mayoría de las mujeres,
fue el retroceso de sus derechos como ser humano, y el fin de los
progresos que habían conseguido, antes de la guerra, con respecto al
hombre.

Algunos observadores extranjeros compararon este retroceso a
volver a la Edad Media, y así lo menciona Martín Gaite en su ensayo:

Veamos ahora la imagen que, por su parte, tenía de nuestro
país el corresponsal del New York Post en Madrid por los años
cuarenta: <<La posición de la mujer española está hoy como
en la Edad Media. Franco le arrebató los derechos civiles y
la mujer española no puede poseer propiedades ni incluso,

"LA MADRE AUSENTE EN LA NOVELA FEMENINA
DE LA POSGUERRA ESPAÑOLA: PÉRDIDA Y LIBERACIÓN".

97

cuando muere el marido, heredarle, ya que la herencia pasa a los hijos varones o al pariente varón más próximo. No puede frecuentar los sitios públicos en compañía de un hombre, si no es su marido, y después, cuando está casada, el marido la saca raramente del hogar>>. (30)

Para Martín Gaite el Gobierno, la Iglesia Católica, y la Sección Femenina de la Falange Española fueron las tres entidades culpables de que las mujeres españolas perdieran sus libertades y derechos conseguidos anteriormente a la Guerra Civil. De este modo, el poder de estas tres entidades junto con el poder de los propios padres o tutores dominaban la vida y el destino de las mujeres de la posguerra, y especialmente a las de la clase media y alta mencionadas en estas obras. Pues las mujeres de las clases más bajas o pobres tuvieron muy pocas oportunidades de disfrutar de sus derechos ganados antes de la guerra, a causa del gran analfabetismo entre las mujeres pobres; y después de ella, la guerra sólo las había hecho aún más pobres. Además, las mujeres que participaron activamente a favor de la República, acabaron muertas, en la cárcel, en el exilio o en el abandono social. Las mujeres de las clases media y alta que, generalmente, aparecen en estas obras, son las que notaron ese retroceso cultural y social más, después de la guerra; pues muchísimas de ellas habían conseguido trabajos públicos, estudios superiores, etc., que ahora tenían que abandonar, para servir al hombre.

Una gran mayoría de los personajes femeninos de estas obras acepta con devoción o con resignación su papel secundario en la vida (Gloria, abuela de Andrea, Mercedes, Gertru, tía Emilia), mientras que otras pocas se rebelarán (Andrea, Natalia).

La abuela de Andrea en *Nada* vive atemorizada por la reacción de sus hijos, especialmente por su hijo Juan que pega continuamente a su mujer Gloria, y acepta su papel inferior. Otras tienen miedo a la Iglesia: La abuela de Matía, doña Práxedes, no sólo va a misa sino que hace que toda la familia vaya también. Las hermanas de Natalia (o "Tali") en *Entre visillos* van también por las mañanas a misa, para mantener las apariencias, aunque ellas estén interesadas más en otras cosas.

Muchas de estas mujeres se conforman y muestran una gran pasividad ante la marginación que sufren. Tia Emilia, en *Primera memoria*, no es feliz con su marido, pero se conforma, y no hace nada para cambiar su vida. Gloria en *Nada* sufre los malos tratos de su marido Juan, pero lo acepta como parte de sus obligaciones como esposa y como mujer; y, aunque protesta de vez en cuando, tampoco hace nada para cambiar su vida.

Otras mujeres de la posguerra, en general, aceptan también con aparente gusto y honor abandonar sus profesiones, sus estudios, y todo lo que habían conseguido independientemente en su vida, para casarse con un hombre y pasar a ser su servidora. Martín Gaite menciona los comentarios de algunas de estas mujeres, que habían conseguido ser independientes gracias a sus buenas profesiones, sobre su papel secundario en la vida, ahora que están casadas:

> Isabel Ribera, médico odontólogo, … opinaba en 1943 que: " … ninguna prefiere ejercer una profesión a estar en su casa como reina y señora de ella con su marido y sus hijos" …. Por las mismas fechas, Ernestina Romero, jefe de una sección de cables, dijo que: "Una profesión es ideal para una mujer soltera. Una vez casada, ya es otra cosa". Más tajante todavía era en sus declaraciones la abogado madrileña María Teresa Segura: "Me encanta la carrera, pero me encanta más casarme. La mujer no tiene más misión que el matrimonio".
> (*Usos amorosos* 48-49)

Si ésta era la manera en que pensaban gran parte de las mujeres profesionales de la posguerra, las cuales habían podido obtener estudios superiores y habían tenido la oportunidad de ser independientes, ¿qué podían hacer las demás?

Durante la posguerra muchas mujeres, de cualquier grupo social, aceptan y se resignan a su papel secundario en la vida. Unas por convinción y orgullo y otras por temor, ignorancia o impotencia; pero, al mismo tiempo, hay mujeres que no desean esa situación para ellas y que intentan luchar contra ella. En estas obras hay muchos personajes femeninos resignados a su papel inferior, como hemos mencionado más arriba; pero también hay algún personaje femenino, en estas novelas, que no acepta el conformismo general de la mujer de esa época y hace algo para cambiarlo. Es la rebelión ante el conformismo y la resignación, para poder conseguir la liberación o la independencia del hombre. Este personaje femenino que se rebela ante lo que la sociedad espera de ella, normalmente es una mujer joven o adolescente, y con deseos de vivir una vida más libre y con más posibilidades de expansión de la que normalmente tiene o le espera. Andrea, en *Nada*, se independiza económicamente de la familia de su madre, aunque pase hambre y siga viviendo en la misma casa. Después de la marcha de su tía Angustias, ahora es Andrea la que tiene el control de todo el dinero que recibe del gobierno por su orfandad. Matía en *Primera memoria*, va a todas partes con su primo Borja porque

"LA MADRE AUSENTE EN LA NOVELA FEMENINA
DE LA POSGUERRA ESPAÑOLA: PÉRDIDA Y LIBERACIÓN".

99

la obligan en casa de su abuela, pues no está bien visto que una chica decente vaya sola por la calle o con hombres que no sean de su familia; pero hay momentos en que Andrea decide independizarse de su primo e irse con su amigo Manuel, lo que irrita a Borja, y no es aceptado por la abuela. Natalia en *Entre visillos,* también se rebela a esa vida conformista de las mujeres de su época. Ella no quiere dejar de estudiar y casarse pronto, como su amiga Gertru, pero tampoco quiere quedarse soltera y viviendo en casa de sus padres a los treinta años, como su hermana Mercedes.

Andrea, Matía y Natalia son personajes heroicos o "rebeldes". Ellas son, en cierto modo, las heroínas de muchas muchachas que crecieron durante la posguerra española, jóvenes mujeres españolas que deseaban tener acceso, de nuevo, a lo que aquellas muchachas de la República tuvieron, y poder vivir su propia vida. Carmen Martín Gaite nos cuenta cómo admiraba ella a las jóvenes mujeres de la República que se modernizaban:

> [...] durante la etapa de la República ... me fascinaban aquellas jóvenes universitarias, actrices, pintoras o biólogas ... que cuando hablaban de proyectos para el futuro no ocultaban como una culpa el amor por la dedicación que habían elegido ni tenían empacho en declarar que estaban dispuestas a vivir su vida. No sabían las pobres lo que les esperaba. Pero yo las veneraba en secreto. Fueron las heroínas míticas de mi primera infancia. (*Usos* 49)

De heroínas como éstas, para Martín Gaite, saldrán los personajes femeninos principales y heróicos para muchas de sus novelas, y de las de sus coetáneas Ana María Matute y Carmen Laforet. De este modo, esas pocas figuras femeninas de la vida real que se rebelaban contra las normas androcéntricas de la sociedad de la posguerra, fueron los modelos de los que nuestras tres autoras se inspiraron para crear a las heroínas de estas novelas, y para imaginar e idealizar a las madres ausentes de estas protagonistas.

## "Galaxia femenina" y mujeres heroínas:

En las tres novelas estudiadas aquí, las protagonistas tienen muchas cosas en común: en primer lugar, las tres protagonistas, Matía, Natalia y Andrea son huérfanas, al menos, de madre, como ya hemos visto en los capítulos anteriores. Y por otro lado, tienen un mismo comienzo en sus vidas: todas ellas han tenido una infancia feliz, sin apuros económicos y sintiéndose queridas, unas con su propia madre, que aún vivían, y otra, Natalia, con su padre que la adoraba y su tía, que le hacía el papel de madre-sustituta. Las tres fueron unas niñas felices, viviendo entre una clase social media, y media-alta, y las tres disfrutaron de una infancia sin penurias ni hambre, ni ningún tipo de preocupaciones. Sin embargo, durante su adolescencia es cuando se empiezan a dar cuenta de lo que les rodea y les afecta. Ellas empiezan a ver que en sus vidas no gozan de una igual autonomía a las de los hombres, y que probablemente nunca lo harán. Se desilusionan, y, en muchos aspectos, se alienan de la sociedad en la que les ha tocado vivir. Finalmente, estas tres protagonistas también tienen en común el hecho de no querer aceptar lo que la sociedad espera de ellas como mujeres, y de querer, desear o incluso intentar cambiar lo que esta sociedad patriarcal, machista y conservadora de la posguerra española propone para ellas; para que, de este modo, puedan buscar algo mejor y más justo para ellas.

Matía, protagonista de *Primera memoria*, de Ana María Matute, es la protagonista femenina más joven de las tres novelas. Es todavía una niña cuando su vida da un gran giro radical, pues primero muere su madre y después deja a las personas que quiere y que la quieren (Mauricia, la criada, por ejemplo); y también deja el lugar donde ha vivido siempre y donde se ha sentido querida, para ir a vivir con su abuela materna Doña Práxedes, que no parece quererla mucho. Va a un lugar, una isla de las Baleares, totalmente diferente del que vivía, un pueblo pequeño en las montañas de la península, rodeado de bosques y ríos. En esta novela, la narración empieza cuando Matía tiene ya unos catorce años, el principio de la adolescencia, y cuando empieza a descubrir que la vida no es socialmente justa, ni entre los pobres y los ricos, ni entre los del bando republicano y los del bando nacional, ni entre las mujeres y los hombres. Todo esto lo descubre a un mismo tiempo, y el desencanto y el desamparo son enormes. Por eso, Matía se rebelará, a su manera, y aunque no lo haga completamente (debido a su joven edad), lo intentará.

Matía empieza, desde el principio, rebelándose contra su abuela y contra todo lo que viene de ella, pues esta figura femenina no era la que ella esperaba como sustituta de su amada madre ausente:

> [...] no desaprovechaba ocasión para demostrar a mi abuela que estaba allí contra mi voluntad. Y quien no haya sido, desde los nueve a los catorce años, atraído y llevado de un lugar a otro, de unas a otras manos, como un objeto, no podrá entender mi desamor y rebeldía de aquel tiempo. Además, nunca esperé nada de mi abuela: soporté su

"LA MADRE AUSENTE EN LA NOVELA FEMENINA
DE LA POSGUERRA ESPAÑOLA: PÉRDIDA Y LIBERACIÓN".

101

trato helado, sus frases hechas, sus oraciones a un Dios de su exclusiva invención y pertenencia, y alguna caricia indiferente, como indiferentes fueron también sus castigos. (*Primera* 12)

La abuela no le muestra amor ni condescencia a Matía, sino todo lo contrario. Ella es la que le impone reglas a la muchacha, para "domarla," como dice ella (13), y para que sea como el orden social de la época impone. La abuela, doña Práxedes, representa el orden patriarcal, conservador y jerárquico. "Es la nobleza terrateniente, aliada del ejército y de la iglesia … Es el poder prejuicioso y tiránico. Es, en suma, el franquismo y, de acuerdo con eso, acoge los valores que ese franquismo promocionaba" (Riddel 76).

Por el contrario, Matía representa la heroína que se rebela contra el sistema social y cultural, sistema representado por la figura de su abuela, doña Práxedes. Matía, a pesar de ser tan joven, ve las injusticias causadas por la guerra a través de lo que le ocurre a su amigo Manuel y a la familia de éste. El padre de Manuel, José Taronjí, es asesinado por un grupo de fascistas; pues José está en favor del bando republicano, durante la guerra civil española. La madre de Manuel, Sa Malene, es rapada en público, insultada y humillada por un grupo de mujeres del pueblo que van en contra de los republicanos. Nadie quiere ayudarles en su cosecha, les contaminan el agua con un perro muerto, y pasan muchas penurias. Manuel, al final de la novela, es acusado injustamente por Borja, el primo de Matía, de haberle robado el dinero que tenía de su abuela. Y entonces la abuela, Doña Práxedes, y el cura del pueblo, Mosén Mayol, deciden que como castigo Manuel debe ir a un reformatorio; ya que es demasiado joven para ir a la cárcel. Matía ve todas estas injusticias contra Manuel y su familia, llevadas a cabo en su mayoría por la abuela y los seguidores del fascismo como ésta. "Les odio. Odio a todo el mundo de aquí, de esta isla entera, menos a tí!" (135), le dice Matía a Manuel, después de enterarse de que les habían matado al perro y lo habían echado al pozo, contaminándoles así el agua que bebían Manuel y su familia.

Matía se rebela todo lo que puede contra su abuela (símbolo del gobierno) y su primo Borja, a quienes considera unos dictadores; y también contra las monjas del colegio (que querían tirar a la basura a su muñeco Gorogó), porque desea tener más libertad y justicia en su vida. Las monjas (símbolo, aquí, de la Iglesia Católica) tampoco supieron ser unas buenas madres-sustitutas para la huérfana Matía. Sin embargo, los sentimientos de justicia de Matía se verán truncados cuando, por necesidad de su propia supervivencia, no tiene más remedio que aceptar lo que manda su autoritaria abuela.

Natalia, protagonista de *Entre visillos*, de Carmen Martín Gaite es una adolescente de unos dieciseis años, pero al ser la menor, con diferencia, de tres hermanas, es tratada como si tuviera menos edad. E incluso en su casa la llaman "pequeña," y las amistades de la casa creen que es menor por su aspecto infantil: "¿Conocías a Natalia? Isabel miró el rostro pequeño, casi infantil. Pues creo que la he visto alguna vez en la calle, de lejos. Me parecía que era mayor" (Martín Gaite, *Entre visillos* 21). Natalia es la heroína de esta novela porque se rebela también contra las normas impuestas por la sociedad patriarcal y conservadora de la posguerra española que impera en la ciudad de provincia en la que vive, y que están representadas en las figuras femeninas de su tía Concha y su hermana mayor Mercedes. Natalia no ha conocido a su madre, pues ésta murió al nacer ella, y, aunque no puede compararla con nadie, también siente esa ausencia de la madre; especialmente ahora en los años de su adolescencia cuando necesita tener modelos que imitar y a alguien que la apoye. Natalia tiene una tía que vive con ella, sus dos hermanas mayores y su padre, pero la tía Concha, aunque parece quererla bien y preocuparse por ella, no es lo mismo que una madre para ella. La tía Concha es tradicional y conservadora como la gran mayoría de las mujeres que aparecen en la obra y quiere criar a Natalia, y a las hermanas de ésta, siguiendo esa tradición. Natalia lo cuenta así a su padre: "La tía Concha .... sólo nos educa para tener un novio rico, y que seamos lo más retrasadas posible en todo, que no sepamos nada, ni nos alegremos con nada" (232-33).

Sin embargo a Natalia no le gusta en absoluto ese mundo tan hermético y conservador en el que viven su tía y sus hermanas. Sus hermanas mayores, que tienen ya casi treinta años y todavía siguen solteras, y se pasan la vida en casa o en la iglesia. Estas sólamente salen a lugares socialmente permitidos y siempre con el consentimiento de sus mayores. Ellas se preparan para ser la perfecta mujer casada, o como Mercedes, quizás la "perfecta" soltera, siempre bajo la tutela de su padre. Julia, la otra hermana, tiene novio, pero está en otra ciudad, y le tiene que guardar respeto, quedándose en casa sin salir.

Natalia, por el contrario, no está interesada, de momento, en ningún hombre, y lo único que parece interesarle es la lectura y sus estudios en el instituto. "Natalia percibe el crecimiento como una pérdida de libertad y de poder y se resiste a él. Los estudios y su diario le proporcionan un refugio semejante al que Matía encontraba en el idealismo de los cuentos de hadas" (Riddel 105). De momento, Natalia sólo está preocupada en encontrar a una madre-sustituta, entre toda

"LA MADRE AUSENTE EN LA NOVELA FEMENINA
DE LA POSGUERRA ESPAÑOLA: PÉRDIDA Y LIBERACIÓN".

103

la galaxia femenina que le rodea, que sea como su madre ausente, y a la que nunca conoció: salvaje y libre, como le decía a Natalia su padre cuando le hablaba de ella. Natalia no quiere crecer, no quiere ser adulta porque significa perder la libertad y el poder que tenía, cuando era niña, con respecto a su padre, que la adoraba y mimaba; sin embargo ahora que Natalia ya no es una niña pequeña, su padre se muestra distante de ella y eso no le gusta; pues ha perdido el control y la confianza que tenía en su padre.

Así pues, Natalia se desencanta de encontrar a esa madre-sustituta ideal que le pueda mostrar como era su madre ausente, y entonces empieza a buscar, casi inconscientemente, otras figuras femeninas que le aporten al menos un lazo fraternal en su vida, ya que no lo encuentra tampoco en sus hermanas. Primero lo encuentra en su amiga del instituto Gertru con la que tuvo un fuerte lazo de amistad durante unos años, pero ésta ahora va a casarse y ha dejado el instituto; por lo que Natalia pierde su único lazo amistoso, pero pronto encuentra otro lazo amistoso y fraterno, aunque no es tan intenso como el que le unía a Gertru. Ahora encuentra ese lazo amistoso en otra compañera del instituto, Alicia, que era de un nivel social inferior a ella, y por ello no era muy bien aceptada en casa de "Tali". Finalmente, después de haberse desencantado de las figuras femeninas maternales, ahora Natalia se desencanta también de estas últimas figuras fraternales femeninas, y se acerca, sin proponérselo, a las figuras fraternales masculinas, como la de su profesor de alemán, Pablo Klein. Natalia, con la ayuda de los consejos de su profesor de alemán se rebelará contra la autoridad y conservatismo paterno, para convencerle de que la deje seguir estudiando y hacer una carrera. Natalia se atreve, finalmente, a hablar con su padre de sus deseos, después de comentar sus temores con Pablo: "Es verdad que en mi casa no se puede vivir, le he dicho de pronto … tenía usted razón. La familia come a uno, yo no sé. Hoy sin falta voy a hablar con mi padre" (*Entre* 231).

De toda la galaxia femenina y masculina que tiene esta novela, Natalia sólo ha conseguido ese lazo fraternal de apoyo con Pablo. Natalia ve en su profesor de alemán, el camino a seguir para su independencia del ambiente social y estricto que le rodea. Pablo es de todos los personajes femeninos o masculinos de la obra, el único que la comprende y que la ayuda a seguir sus sueños. Ni su tía, ni sus hermanas, ni sus amigas, ni nadie más que Pablo cree en ella, y eso la animará a rebelarse e independizarse de los demás.

Según John C. Wilcox, en su obra *Women Poets of Spain, 1860-1990*, una positiva visión ginecéntrica es que las mujeres prefieren relacionarse siempre con alguien (familia, amigos) antes que estar solas: "a positive gynocentric vision is a woman's preference for intimacy over isolation" (Wilcox 7); por lo que la galaxia femenina que nuestras autoras presentan en estas obras supone un escape positivo para las jóvenes protagonistas, ya que les proporcionan un amplio grupo de mujeres, a elegir, en quienes poderse apoyar e incluso imitar. Natalia se apoyaba en su amiga Gertru, en un principio, después en su amiga Alicia, y al final, a parte de su admirado profesor de alemán, Natalia también se acerca a su hermana Julia y a la amiga de ésta, Elvira, a quién ve similar a ella.

Andrea, protagonista en *Nada*, es la mayor de las tres protagonistas de estas novelas pues, aunque todavía se la considera una adolescente, ya tiene dieciocho años, va a la universidad, y ya tiene un poco más de independencia que las otras. Andrea, al igual que las otras protagonistas, también es huérfana de madre, e incluso de padre; por lo que el sentimiento de desamparo provocado por la ausencia de la madre estará patente en ella, también, en todo momento. Sin embargo, al ser ya un poco más mayor que las otras y al no encontrar el cariño que esperaba en la casa de su abuela, en seguida se da cuenta de que de allí no va a encontrar a ninguna figura femenina que pueda sustituir a su madre ausente, ni va a obtener tampoco nada positivo allí, con toda aquella galaxia de personajes femeninos y masculinos que viven en su casa. Y por esta razón empieza a buscar esas figuras que la puedan apoyar fuera de esa casa. Andrea es una joven en busca de afecto, pero la búsqueda de su independencia es algo que le preocupa mucho más; por lo que no parará hasta conseguir sentirse libre e independiente.

Desde que llega a la calle Aribau de Barcelona, donde viven sus familiares, se da cuenta de que su tía Angustias no la dejará vivir en libertad; por lo que desde ese momento empezará a no tenerle ningún afecto y a intentar evitarla todo lo que pueda. "Yo estaba sentada frente a Angustias en una silla dura que se me iba clavando en los muslos bajo la falda. Estaba además desesperada porque me había dicho que no podría moverme sin su voluntad. Y la juzgaba, sin ninguna compasión, corta de luces y autoritaria" (*Nada* 27).

Andrea va a la universidad, a pesar de que a su tía Angustias no le hace ninguna gracia, y el tiempo en que está allí es, para Andrea, el mejor de cada día, pues allí encuentra una gran galaxia de personajes masculinos y femeninos con los que empieza a conectar, y tiene esperanzas de encontrar algún día en ellos ese lazo fraternal de apoyo que necesita, y que su madre ausente ya no le puede dar. Por esta razón, Natalia se siente muy a gusto yendo a la universidad, y cuando tiene que regresar a su casa, Andrea tarda todo lo que puede, se pasea

"LA MADRE AUSENTE EN LA NOVELA FEMENINA
DE LA POSGUERRA ESPAÑOLA: PÉRDIDA Y LIBERACIÓN".

105

por las calles de Barcelona disfrutando de los últimos minutos que tiene del día de libertad, para después volver a la casa de sus parientes y sentirse de nuevo ahogada como si estuviera en una prisión. En verano, cuando no hay clases, para Andrea es peor; pues no tiene una "excusa" para salir todos los días, y estar fuera de casa lo más posible, por lo que tendrá que buscarse ocupaciones y excusas de toda clase para sentirse libre de nuevo. La libertad, la independencia es lo que Andrea más anhela en esos momentos, y hará todo lo que le sea posible para conseguirla. Tía Angustias controla también su dinero, un dinero que Andrea recibe como huérfana de guerra para su educación y sus necesidades; pero al vivir bajo la tutela familiar es Angustias quién inmediatamente se hace cargo de ese dinero, con la excusa de que ellos tienen muchos gastos al tener que hospedar a Andrea allí con ellos. Sin embargo, Angustias, después de una disputa familiar, se marchará de la casa a un convento e inmediatamente Andrea aprovechará la ocasión para hacerse cargo de su propio dinero, antes de que lo haga otro miembro de la familia.

Andrea se gasta casi todo su dinero en ella o en su amiga Ena; y apenas contribuye económicamente en la casa familiar más que en pagar su pan, ya que compraba ella misma su propia comida. Es más, es capaz de pasar hambre antes que darles más dinero del que debe a la familia; pues prefería comprarle regalos a su amiga Ena, y comprarse ella misma pasteles, que costaban más dinero, que comida más apropiada y barata. Su obsesión por su propia independencia llega hasta el punto de parecernos incluso egoísta. La abuela, dueña de la casa, pasa hambre muchas veces, para darle su poca comida a ella o a los demás. Y el primito de Andrea, hijo de Juan y Gloria, está enfermo, necesita medicinas y mejor comida, pero Andrea no hace nada para ayudarles, ni siquiera por el niño. Su dinero, aunque poco, es lo único que la separa de la opresión de la familia y su libertad, aunque sea poca. Y por eso se aferra a él, y se lo gasta en cuanto puede y de las maneras más absurdas. Pero eso es lo que le da libertad e independencia, y lo que le hace feliz. La ausencia de se madre, al haber fallecido, y la ausencia de su padre, también, irónicamente con el dinero que recibe por ser huérfana, le traen a Andrea gran parte de su libertad, que probablemente no hubiera tenido si sus padres hubieran estado vivos.

Toda esta galaxia de personajes masculinos, y femeninos, principalmente, que rodea a la protagonista Andrea (y a excepción de Ena y su familia) no son suficientes para que Andrea encuentre entre ellos, primero, a una posible madre-sustituta que sustituya a su madre ausente y, segundo, a una posible figura fraternal con que comparta sus angustias, o por lo menos eso es lo que ella cree. Al principio de conocer a Ena, Andrea piensa que finalmente ha encontrado en ella a la amiga-hermana que buscaba y que faltaba en su vacía vida; pero después, al descubrir la relación de Ena con el tío de Andrea, Román, entonces Andrea se desencanta también de Ena, al igual que lo hará de la madre de Ena, y por la misma razón. Sin embargo, al final de la novela, Andrea acabará marchándose de la casa de sus parientes, definitivamente. Y se irá con Ena, y la familia de ésta, a vivir a Madrid; y continuar allí sus estudios; pues ellos son los únicos de toda la galaxia de personajes, pese a los defectos que ha encontrado en Ena y su madre, que le pueden ayudar a conseguir su liberación del mundo machista, tradicional y patriarcal en el que vive con su familia. De este modo, da un gran paso hacia una mejor vida y de más libertad. La galaxia femenina en la obra es la que le ha proporcionado, a Andrea, un escape positivo en su vida.

**Mujeres patriarcales y/o resignadas**:

En estas tres grandes novelas, aparte de las protagonistas "heroínas," también tenemos una gran galaxia femenina de otras mujeres, personajes secundarios en las obras, que representan dos tipos de mujeres diferentes a las heroínas. Por un lado están las mujeres fuertes que representan el poder, frente a nuestras heroínas, y que simbolizan la aceptación, orgullo y continuación del régimen patriarcal y antifeminista del gobierno de la época. Ejemplos de este tipo de mujeres en las obras estudiadas aquí son: Doña Práxedes, en *Primera memoria*, Tía Concha y Mercedes, en *Entre visillos*, y Tía Angustias, en *Nada*. Y por otro lado, también opuesto en general al de nuestras heroínas, están las mujeres, personajes secundarios, que se resignan ante su injusta situación social, política y cultural. Son las mujeres a quienes no les gusta lo que pasa en sus vidas por las injusticias que sufren y que les gustaría poder rebelarse, pero que no lo hacen por miedo, por ignorancia o por impotencia. Ejemplos de este tipo de mujeres en estas obras son: Tía Emilia en *Primera memoria*, Gertru en *Entre visillos* y Gloria en *Nada*.

Desde muy pronto, en cada una de estas novelas, vemos quienes son las mujeres que representan el poder y el orden social en la vida de estas heroínas.

En *Primera memoria*, Doña Práxedes, abuela de Matía, representa el régimen patriarcal y fascista de la época, como ya hemos mencionado. Ella tiene el poder y lo ejerce con dureza. Es la dueña de la casa, pues es viuda, y de muchas tierras del pueblo en que vive. Doña Práxedes es

"LA MADRE AUSENTE EN LA NOVELA FEMENINA
DE LA POSGUERRA ESPAÑOLA: PÉRDIDA Y LIBERACIÓN".

107

temida, no sólamente por los miembros de la casa, familia y criados; sino que también por la gente del pueblo. Pues, todos saben que ella y su dinero ejercen una gran fuerza entre los mandatarios del gobierno y la iglesia, representados en el pueblo. En su casa, Doña Práxedes ordena y manda a todos en todas las cosas de sus vidas. Ella es la que decide que el hijo de la criada Antonia, Lauro "el chino" tiene que ir a estudiar a un seminario para ser cura. Ella es la que decide que Matía debe ser "domada" y por eso la manda a un colegio de monjas estricto. Ella es la que decide que su hija, la tía Emilia, no se case con el hombre que ama, sino con otro que tiene más dinero y poder. Ella es la que decide cuando hay que hacer una celebración religiosa en favor del ejército nacional. Y ella es la que decide el castigo que debe recibir Manuel por haber robado, supuestamente, dinero a Borja. Doña Práxedes representa en su casa lo que el gobierno militar, patriarcal y fascista, de la guerra y posguerra, representa para todo el país. Da órdenes como un dictador, castiga sin piedad, y hace que su familia siga todas sus reglas sin importarle los sentimientos personales, a los que considera una debilidad. Matía sabe que su abuela no la quiere, y que sólo se preocupa de ella porque es miembro de su familia y tiene que aparentar ser digna de la familia, socialmente. Por eso, Matía rechaza todo lo que viene de ella, y aunque no la odia, sí parece despreciarla y avergonzarse de ella, y de todo lo que hace.

Por otro lado, los personajes femeninos de esta novela que se resignan, por miedo, por ignorancia o por impotencia, ante la injusticia histórica social y cultural son también muy abundantes en estas obras.

Otro personaje femenino, en *Primera memoria*, que representa también el franquismo conservador y tradicional como el de la abuela, doña Práxedes, es la tía Emilia; aunque ésta no tiene ni el poder ni la fuerza de voluntad de la abuela. Tía Emilia es una de las hijas de doña Práxedes, que se casó por conveniencia económica y social con tío Alvaro, un hombre con dinero y buen *estatus* social; y es también la madre de Borja, el primo de Matía. Tía Emilia estuvo enamorada durante un tiempo de Jorge de Son Major, uno de los personajes masculinos más liberales y extravagantes de la novela. Pero esa situación romántica fue cortada por doña Práxedes, puesto que era una relación que no convenía socialmente. Ya que, aunque Jorge de Son Major era rico y de buena familia, no estaba bien visto socialmente, por sus ideas liberales y su modo de vida tan libertino. Tía Emilia dejó su relación con Jorge de Son Major y se casó con tío Alvaro para complacer a su madre y a la sociedad. "El modelo que proporciona la tía Emilia es el que corresponde a las aspiraciones y circunstancias sociales de la familia" (Riddle 77). Mientras que la madre de Matía, y hermana de tía Emilia, se casó por amor y no siguió el modelo que su familia quería para ella. La abuela habla mal de la madre de Matía, ante ella, para que así la muchacha no haga lo mismo que su madre, y para que siga el ejemplo de su tía Emilia. De su madre, le dice la abuela lo siguente a Matía: "fue muy guapa, y rica, pero se dejó llevar por sus estúpidos sentimientos de muchacha romántica, y pagó su cara elección" (*Primera memoria* 120).

La madre de Matía, muerta hace unos años y por tanto ausente aquí, representa en la novela, también como Matía, al personaje femenino rebelde y heróico, lo que nos parece muy significativo aquí. Ella se rebeló contra los deseos de su madre, doña Práxedes, para casarse con el hombre que amaba, y no con el que le conviniera. La madre de Matía hubiera sido, probablemente, su heroína y un buen ejemplo de rebeldía social para ella, si no hubiera muerto. Pero Matute, hace que la madre buena y heróica esté ausente, en nuestra opinión, para que así veamos mejor esos personajes femeninos que representan la aceptación y la promulgación de un sistema político y social tan absurdo e injusto. Matía, la heroína, se rebela contra esas otras "madres-suplentes" de su familia (la abuela y la tía), que fomentan la continuación de esa sociedad patriarcal y machista de la posguerra, y no contra su propia madre, que está ausente, y que además era y pensaba como ella, de una manera más liberal y justa.

Otro personaje femenino importante aquí es Sa Malene, la madre de Manuel, el amigo de Matía. Sa Malene está entre los dos mundos opuestos continuamente en esta novela. Por el lado político está, como su marido, de parte de los republicanos; pero acabará aceptando al orden social de los ganadores, los nacionales, para poder sobrevivir. Por el lado social, Sa Malene representa la baja clase social que se pierde moralmente; pues llega a tener un hijo con Jorge de Son Major, sin estar casada con él. Sin embargo, y para arreglar la situación, como la Iglesia y la sociedad exigen, acabará casándose con José Taronjí, un buen hombre que la acepta a pesar de saber que ya estaba embarazada de otro. Por el lado económico, Sa Malene y su marido viven de su trabajo en la tierra que les dió Jorge de Son Major, y no necesitan pedir nada a nadie; pero su situación cambia, después de morir su marido a manos de los fascistas y después de ser humillada y rechazada por la gente del pueblo, entonces ella cambia también:

> Malene traía una cesta hecha de palma y parecía venir
> del pueblo. Desvié los ojos de los suyos y sentí una rara
> vergüenza. "Debajo del pañuelo tendrá el cabello apenas

"LA MADRE AUSENTE EN LA NOVELA FEMENINA
DE LA POSGUERRA ESPAÑOLA: PÉRDIDA Y LIBERACIÓN".

109

crecido ... suave y leonado". Eso hacía reír a Guiem y a los
del pueblo, que le silbaban de lejos, e incluso la insultaban.
Malene entró en el huerto, y, cosa que nunca hizo antes,
cerró la puerta. (219)

Su hijo Manuel no tiene más remedio que ir por el pueblo
pidiendo trabajo, pero nadie se lo da: "Volví a ver a Manuel, que venía
de la fragua. Como última esperanza, fue a pedir trabajo al padre de
Guiem. (Antes fue al carrero, al zapatero y al panadero)" (219). Todos
rechazan a Sa Malene y a sus hijos, por lo que tienen que pasar muchas
penurias.

Sa Malene cambia, pero lo hace para poder sobrevivir; pues no
parece tener otra opción. Pero su hijo Manuel, aunque hace lo que
su madre le pide, lleva el rencor por dentro. Su hijo Manuel la ama,
y Matía ve en esta relación algo digno de envidiar; sin embargo,
aunque Matía admira la rebeldía inicial de Sa Malene, después
parece estar decepcionada de cómo cambia y hace cambiar a Manuel.
Paradójicamente, Matía hará lo mismo que Sa Malene, en cierto
modo. Matía se rebela durante toda la novela contra su abuela, su
tía, su primo, las monjas de la escuela, y demás. Acabará cambiando y
aceptando lo que la sociedad y su familia le imponen, al no defender
a Manuel de las acusaciones falsas de su primo Borja. Matía, como Sa
Malene, tiene miedo de no poder seguir sobreviviendo bajo el poder
social, y concretamente el de su abuela; y por eso calla y acepta lo que
deciden los demás. Cuando los criados de la abuela van a buscar a
Manuel para que lo castigue por el robo del dinero a Borja, aunque
no es verdad que lo haya robado y Matía lo sabe perfectamente, la
muchacha no se atreve a defenderle ante su abuela. Ella va a buscar a
Jorge de Son Major para que ayude a Manuel, pero no lo encuentra.
También va a hablar con su tía Emilia y le cuenta la verdad para
que ésta hable con la abuela en defensa de Manuel, pero tía Emilia
también la ignora. Al final, Matía, por no atreverse a enfrentarse
directamente a su abuela, deja que acusen a Manuel y lo castiguen
injustamente, y por ello siente remordimientos: "Una gran cobardía
me clavaba al suelo....Al pasar me miró. No tuve más remedio que
seguirle, como un perro, respirando mi traición, sin atreverme siquiera
a huir" (240-41). Matía, que representa a la heroína que se rebela
durante casi toda la novela. Al final de ella, probablemente a causa de
su joven edad e inmadurez, tiene un momento de debilidad y cobardía
que la hacen traicionar a su amigo Manuel y a sus ideales. Pero aún
así, no llega nunca a convertirse, por su propio deseo, en el modelo
patriarcal de mujer que desea su abuela y el régimen de la época; sino

que decide callar y sobrevivir, quizás hasta que tenga más edad y fuerza para rebelarse de nuevo.

Por otra parte, aunque nunca lo vemos en esta novela, en otra novela de Ana María Matute y posterior a ésta, *La trampa*, (tercera y última novela de la trilogía llamada *Los mercaderes*), veremos a una Matía adulta que se va a vivir a los Estados Unidos, a la edad de 17 años, con su padre exiliado allí; y donde Matía mostrará que nunca aceptó ni siguió el modelo de mujer patriarcal y/o sumisa propuesto por el régimen de la posguerra española; pues después de un matrimonio fallido, se divorcia y deja que su hijo de corta edad se vaya a vivir con los abuelos, y lejos de ella.

En *Entre visillos*, de Carmen Martín Gaite, esta galaxia de personajes femeninos también se resignan a su injusta situación social y cultural, por temor (al Gobierno, Iglesia, padre, esposo), por ignorancia o por impotencia.

Gertru, la amiga de Natalia del instituto, decide dejar sus estudios por decisión de su novio, Angel, para así tener más tiempo para su noviazgo, y prepararse para ser la perfecta esposa. "Dice que ella este curso por fin no se matricula, porque a Angel no le gusta el ambiente del Instituto" (*Entre visillos* 12), nos dice Natalia sobre la decisión de su amiga. Angel es un personaje muy machista, y no es del agrado de Natalia, pues trata a su amiga Gertru con autoridad y superioridad. Cuando Angel y Gertru hablan sobre los estudios de ella, Angel le dice: "Para casarte conmigo no necesitas saber ni latín ni geometría; con que sepas ser una mujer de tu casa, basta y sobra" (174). Angel convence a Gertru de que ella no necesita tener estudios. Y eso es como decirle que ella, al ser mujer, sólo tiene una finalidad en la vida: la de servir al hombre, la de servirle a él todos sus deseos y necesidades, sin preocuparse por las necesidades y deseos que ella pueda tener. Gertru es el personaje femenino que se resigna a vivir el papel secundario que le ha tocado en la vida, probablemente por miedo a no poder sobrevivir sin un hombre; o simplemente porque realmente cree que ese es el destino de todas las mujeres.

El personaje de Gertru es el de una muchacha conformista y resignada con convicción, hasta el punto que incluso parece disfrutar del papel que se espera de ella en el entorno social de la posguerra y el franquismo. Lo único a lo que pueden aspirar las muchachas como ella es a casarse; y si puede ser con un "buen partido" como el de ella, pues su novio es aviador y se espera de él que gane mucho dinero.

Las muchachas del instituto cuando se enteran por Natalia de que Gertru ya no irá al instituto porque va a casarse, lo que más les

"LA MADRE AUSENTE EN LA NOVELA FEMENINA
DE LA POSGUERRA ESPAÑOLA: PÉRDIDA Y LIBERACIÓN".

111

sorprende y les envidia es que Gertru haya encontrado un buen partido: "Me han preguntado por Gertru, que les ha extrañado que no esté en las listas. Yo les he dicho que se va a casar pronto. Que con quién. Regina dió un silbido y puso los ojos en blanco cuando les dije que con un aviador" (180).

Así pues, las mujeres como Gertru eran las que el gobierno franquista, a través de la Sección Femenina de la Falange española, deseaba y promocionaba. Según Pilar Primo de Rivera, fundadora de la Sección Femenina de la Falange española, el papel de la mujer era de servir al hombre de manera abnegada, pues el hombre es más fuerte y sabio. Martín Gaite comenta las palabras de Pilar Primo de Rivera en *Usos amorosos de la postguerra:*

> [...] nosotras les ofrecemos la abnegación de nuestros servicios y el no ser nunca motivo de discordia. Que éste es el papel de la mujer en la vida. El armonizar voluntades y el dejarse guiar por la voluntad más fuerte y la sabiduría del hombre. (58)

Pilar Primo de Rivera es la portavoz de muchísimas mujeres de la época de la posguerra, que se consideran a sí mismas como personas de segunda clase, después del hombre. Por eso, entre otras cosas, el hecho de que la mujer quiera estudiar e ir a la universidad, también es criticado por Pilar Primo de Rivera, que considera que las mujeres no son capaces de pensar y crear por sí mismas. Martín Gaite cita un comentario de Pilar Primo de Rivera sobre las mujeres que quieren estudiar como Natalia:

> Las mujeres nunca descubren nada: les falta desde luego el talento creador, reservado por Dios para inteligencias varoniles .... La vocación estudiantil en las mujeres no debe ser ensalzada a tontas y a locas .... La S.F. ha desviado la atención de la mujer hacia profesiones netamente femeninas. (68-69)

Es decir, que las mujeres no son lo suficientemente inteligentes para poder estudiar una carrera universitaria; pero si insisten en estudiar y pueden hacerlo económicamente, entonces es mejor que se dediquen solamente a las carreras universitarias más femeninas: enfermeras, para servir al médico, Escuelas del Hogar, para servir a los maridos e hijos, y otras profesiones como ésta. Gertru ni siquiera tiene la oportunidad de seguir una carrera "femenina," pues su novio

Angel prefiere mantenerla en la más ignorancia posible, y así tener un contínuo dominio sobre ella.

Otro personaje de esta galaxia femenina que se resigna a su papel secundario en la vida es Mercedes, la hermana mayor de Natalia. Mercedes tiene ya treinta años, y todavía no se ha casado, por lo que va a pasar a la categoría de las mujeres "solteronas". Mercedes no se resigna todavía a ello, y desea encontrar novio y futuro marido a toda costa. Está interesada por Federico, pero a éste no le interesa Mercedes, sino la hermana de ésta, Julia. Sin embargo, Julia ya tiene un novio, Miguel, que vive en Madrid, y no está interesada en Federico. Mercedes siente celos de su hermana Julia, que teniendo ya novio, todavía hay hombres interesados por ella; y sin embargo, no hay ninguno interesado por Mercedes. Federico juega un poco con los sentimientos de Mercedes para llegar a Julia, y cuando Julia le habla de ello a Mercedes, ésta tiene un ataque de celos que le hacen envidiar y odiar a su hermana, al sentirse rechazada por Federico.

Las solteras, como Mercedes, son también discriminadas en esta sociedad tradicional y franquista; pues el papel de la mujer es de casarse y procrear. Si se quedan solteras, las mujeres no tienen más remedio que dedicarse a los hombres que quedan en sus casas, padres, hermanos (como tía Concha que se dedica al padre de Natalia y su familia), o dedicarse al cuidado de las iglesias y sus organizaciones. "Se ha quedado para vestir santos" es la manera popular de decir que una mujer se ha quedado soltera; pues vestir, lavar y coser la ropa de los santos de las iglesias es lo que hacían muchas de estas mujeres, que al quedar solteras y no tener la necesidad económica de trabajar fuera de casa, ni a veces dentro de casa, no tenían mucho más que hacer. Mercedes no se quiere quedar "para vestir santos," pero va camino de ello.

> La misma denominación de solterona llevaba implícito tal matiz de insulto que se adjudicaba a espaldas de la aludida. Y en mentes infantiles, tan proclives a dejarse influir por orientaciones definitorias, evocaba a la mujer que nunca ha vivido el "gran amor," a la que nunca ha dicho nadie "por ahí te pudras" y que por eso tiene el gesto agraviado. (*Usos* 43)

Mercedes es el personaje femenino resignado a su papel secundario porque no se atreve a enfrentarse a su padre y a la sociedad como lo hace Natalia. Mercedes es la aceptación de ese papel servicial y devoto de la mujer al hombre, porque está convencida de que es lo que debe hacer la mujer. Sin embargo, por otro lado esta resignación

"LA MADRE AUSENTE EN LA NOVELA FEMENINA
DE LA POSGUERRA ESPAÑOLA: PÉRDIDA Y LIBERACIÓN".

113

es a la fuerza. Quedarse soltera es una marginación dentro de otra marginación más grande, la mujer que se queda soltera dentro de las mujeres de la sociedad patriarcal, católica y conservadora de la posguerra, es marginada por la sociedad y por las propias mujeres; a no ser que se convierta en un miembro activo y lideral de la Sección de la Falange, o que se haga monja.

> Otro tipo de conformismo lo representa la hermana de Tali, Julia, que a los veintisiete años aún depende de la opinión de su padre y de su tía que no dejan que ella se marche a Madrid a conocer realmente a la persona que va a compartir su vida. (Alemany 98)

Julia, la otra hermana de Natalia, está entre los dos tipos de personajes de esta galaxia femenina. Por un lado, también cree que su papel en la vida es sólamente el de casarse y servir a su marido e hijos, y por ello hace lo que le pide su novio Miguel. Pero por otro lado, también es un personaje femenino que se rebela; pues, a pesar de tener miedo y no enfrentarse directamente a la autoridad de su padre, se marcha de casa. Julia se rebela contra la autoridad paterna, que no quiere que se case con ese novio por no considerarlo de su nivel social, y se va a vivir a la gran ciudad sin la autorización paterna. No se va a vivir con su novio, ni tampoco sola, porque entonces, además de rebelde, se la consideraria indecente; como al personaje de Rosa, que vive sola y se gana la vida cantando en un local de la ciudad. Julia se va a vivir con unos parientes que viven en Madrid, para así estar cerca de su novio Miguel; pues es lo que él quiere, y cuando puedan se casarán. Julia es una heroína a medias. Tiene dudas y le pide ayuda a su hermana Natalia:

> ¿Qué hago, dime tú, qué hago? La tía y Mercedes también están en contra mía … ¿Verdad que no tiene nada de particular que vaya yo? Tengo veintisiete años, Tali. Me voy a casar con él. ¿Verdad que no es tan horrible como me lo quieren poner todos? (74)

Natalia, mucho menor que ella, la anima y la ayuda a marcharse a Madrid. Por lo que Julia ve en Natalia el valor de la mujer heroína que le falta a ella. De este modo, el personaje de Natalia representa a esas mujeres de la República de las que Martín Gaite hablaba en su ensayo de *Usos amorosos de la postguerra española*, y que ya hemos mencionado en este capítulo. Martín Gaite las admiraba porque eran jóvenes universitarias, actrices, biólogas, y porque hablaban, con devoción y entusiasmo, en las revistas de sus proyectos para el futuro (49). Esas mujeres de la República que decidieron estudiar una carrera universitaria y tener una identidad propia, eran las heroínas de Martín Gaite durante su niñez, y por tanto, ahora son las heroínas de sus obras, como Natalia es de esta novela de la posguerra. Y aún más heroínas incluso, pues Natalia quiere estudiar en una época en la que en el país se ha vuelto a la sociedad del siglo XIX, mucho más tradicional y androcéntrica que durante la II República, del siglo XX.

Finalmente, en *Nada,* de Carmen Laforet, los personajes femeninos que se resignan a su injusta situación social y cultural, por temor, por ignorancia o por impotencia se encuentran, mayoritariamente, dentro de la casa familiar: la abuela y Gloria, aunque también aparecerán fuera de la casa de la calle Aribau otros personajes femeninos que se resignan a su desencanto en la vida, como la madre de Ena, rebelde en su día, pero resignada al final.

La abuela de Andrea es la más débil de estos personajes femeninos incapaces de rebelarse. Quizás por su edad avanzada y débil cuerpo, quizás por las desgracias sufridas en su casa a causa de la guerra, la abuela ha dejado su poder matriarcal/patriarcal en manos de sus hijos. Su hija Angustias es la que lleva las riendas de la casa. Ella es la que trae dinero a casa, por su trabajo como secretaria, y la que prácticamente mantiene a todos en ese hogar. La abuela no tiene ni voz ni voto, Angustias decide todo. Sus otros hijos son varones, Juan y Román; por lo que la abuela también se deja mandar por ellos, siguiendo los cánones de la época, y se pasa la vida sirviéndoles como puede, y aguantando sus abusos: "Cállate Mamá, y no me hagas maldecir de tí!" (34), le dice Juan a su madre después de una discusión con su mujer, Gloria. Andrea, que tenía un buen recuerdo de la abuela de cuando ella era pequeña, ahora no siente apenas cariño por su abuela, sino sólo lástima:

> [ ... ] la mancha blanquinegra de una viejecita decrépita, en camisón, con una taquilla echada sobre los hombros. Quise pensar que me había equivocado de piso, pero aquella viejecilla conservaba una sonrisa de bondad tan dulce, que tuve la seguridad de que era mi abuela. (14)

Sin embargo, esa primera impresión al ver a su abuela, que le trae nostalgia, cambiará pronto, y Andrea ignorará a su abuela, como a los demás de la familia; pues está decepcionada de lo que ha encontrado

"LA MADRE AUSENTE EN LA NOVELA FEMENINA
DE LA POSGUERRA ESPAÑOLA: PÉRDIDA Y LIBERACIÓN".

115

allí, en casa de su abuela materna, de todos los miembros de su familia. De su abuela, parece incluso que se avergüenza de ella, y no querrá que su amiga Ena, ni ningún otro amigo, la conozca. El personaje de la abuela aparece tan insignificante e irrelevante que la autora ni siquiera le da un nombre.

Gloria es el otro personaje de la galaxia femenina de esta novela que se resigna a su papel inferior en la vida con respecto a su marido Juan, y a los hombres en general. Gloria es contínuamente insultada y humillada por todos los miembros de la familia, excepto por la abuela, que la protege como a todos los demás; pues, Gloria es de una clase social inferior a ellos, y consideran que se ha aprovechado de Juan para subir de posición social. De Gloria le dice tía Angustias a Andrea: "tu tío Juan se ha casado con una mujer nada conveniente. Una mujer que está estropeando su vida ... Andrea; si yo algún día supiera que tú eras amiga de ella, cuenta con que me darías un gran disgusto" (27). Y de su cuñada Gloria le habla así Román a Andrea: "Pero, has visto qué estúpida esa mujer .... ¿te fijas?, siguió diciendo Román. Ahora tiene la desvergüeza de hablarme esa basura" (29). Todos la insultan, incluso su propio marido, que también la golpea con frecuencia. Gloria, sin embargo, lo acepta todo. Incluso cuando ve que su marido Juan no trae dinero a casa, ella se siente con la obligación de traerlo, jugando a las cartas; pero sin que su marido se entere, para que no se ofenda. Gloria es el personaje femenino que se resigna y acepta su papel secundario en la vida porque es ignorante. No parece tener miedo en la vida; pues se arriesga todas las noches a que la pille Juan saliendo y le pegue, y además es la que consigue el dinero para ellos. Pero aunque no sea un personaje con miedo, sí lo es con ignorancia. No sabe o no comprende que ella es mejor que su marido, y que puede vivir perfectamente sin él. Ella se resigna a sus palizas, y a sus insultos, porque considera que es su deber como esposa. Andrea, aunque se hace amiga de ella al principio, acabará también apartándose de ella; pues a Andrea no le gusta que Gloria aguante tanto y por tan poco. Gloria no es tampoco ni una buena madre-sustituta para Andrea, ni una amiga o hermana para ella, pues es demasiado sumisa con su marido, y no encaja en el modelo ideal de madre ausente que querría Andrea.

**Personajes masculinos irrelevantes y/o marginales:**

En cuanto a los personajes masculinos, hay pocos en relación a la galaxia de personajes femeninos que tienen estas obras y son, en general, irrelevantes con respecto a los personajes femeninos. María del Carmen Riddel comenta sobre la novela *Entre visillos* de Martín

Gaite, la irrelevancia de los personajes masculinos en esta novela: "Los hombres aparecen en la novela como contra partes a los personajes femeninos que son los que verdaderamente importan y cuyas experiencias de vida son las que interesan" (110). Y aunque, en las tres novelas, haya algunas típicas figuras masculinas que representan la represión tan característica de posguerra antifeminista, como son Juan (tío de Andrea), Borja (primo de Matía), y el padre de Natalia, también aparecen, y en mayor protagonismo, figuras masculinas que no representan esa represión y ese antifeminismo. Como por ejemplo Pablo Klein, el profesor de alemán de Natalia, que no sólo es diferente, quizás por ser medio extranjero, a los otros hombres; sino que incluso anima a Natalia a estudiar, a rebelarse contra su padre. Román, el otro tío de Andrea, no es como su hermano Juan; pues aunque tampoco trata demasiado bien a las mujeres, es más aceptado y admirado por ellas por ser tan enigmático y diferente a los demás hombres. Y, por último, en *Primera memoria:* para Matía, su amigo Manuel, es diferente también a sus otros amigos y a su primo. Manuel ayuda a su madre, la cuida y la respeta. Mientras que el primo de Matía, Borja, se burla de su abuela, y sólo se acerca a ella o a su madre cuando le conviene. Manuel trata a Matía con amabilidad e igualdad, algo que Borja nunca hace, sino todo lo contrario.

En *Primera memoria* encontramos a personajes masculinos como Borja, el primo de Matía, que como su abuela representa el orden social y patriarcal; aunque por ser aún muy joven no tiene el mismo poder que su abuela, doña Práxedes, pero que va camino de ello. Matía comenta el miedo que a veces le daba Borja: "Tenía mucho frío y las rodillas me temblaban. (Oh qué cruel, qué impío, qué incauto, se puede ser a los catorce años.)" (233). Borja es dominante, dictador y manipulador, tanto con su prima Matía, como con el hijo de la criada, Lauro, su tutor, y los demás muchachos de las distintas ramas sociales con quienes trata.

Lauro, "el chino," es un seminarista, hijo de Antonia, la criada de la abuela, que sufre el despotismo de Borja, y la humillación y desprecio de los demás. Su madre es la única que lo defiende y protege; excepto ante la abuela, a quien no es capaz de enfrentarse ni por su hijo.

Jorge de Son Major es, por otro lado, el personaje masculino que no sigue las normas sociales. Es un aventurero, rico y extravagante. Y según Riddel: "es el idealismo. Este personaje está presentado como un ser legendario y romántico" (79).

Son Major vive y disfruta de la vida, viaja mucho, frecuenta muchas mujeres de todo tipo social, sin casarse con ninguna de ellas. Y acaba teniendo un hijo, Manuel, con Sa Malene que era criada suya. Pero,

"LA MADRE AUSENTE EN LA NOVELA FEMENINA
DE LA POSGUERRA ESPAÑOLA: PÉRDIDA Y LIBERACIÓN".

117

como hacían la gran mayoría de los hombres de su posición social, no se casó con una criada, ni reconoció siquiera al hijo que iba a tener con ella, sino que lo que hizo fue arreglar "el asunto" tapándolo. Es decir, hizo que Sa Malene se casara con otro hombre, que reconociese al hijo que llevaba como si fuera su propio hijo. Y, aparentando ser generoso, les dió unas tierras de su propiedad para que no pasaran apuros económicos. Y se quedó tranquilo, como si hubiera hecho lo que mejor hubiera podido hacer; pues, aunque Jorge es más moderno y rebelde que los hombres de su época y en esta novela, para otras cosas como ésta él es patriarcal y convencional. Jorge de Son Major es también pariente de la abuela doña Práxedes, pero no se lleva bien con ella, ni con nadie de la familia. El es rebelde ante la sociedad, porque no va a la iglesia ni sigue las normas sociales del orden patriarcal; sin embargo, cuando le conviene, sí que hace uso de ese poder patriarcal y terrateniente que tiene, y actúa como todos los demás.

Manuel es el personaje masculino heróico de la novela. Pero es un héroe que pierde. Manuel es bueno, justo y tierno. Es amigo de Matía, ama a su madre, a sus hermanos e incluso al hombre que le ha hecho de padre, José Taronjí. Sabe quién es su verdadero padre (Jorge de Son Major), y también que éste no lo reconoce como tal; pero no muestra nigún rencor hacia él. Manuel es admirado por Matía y odiado por Borja, que tiene celos de él. Cuando al final de la novela Borja le acusa de robo, injustamente, Manuel apenas se defiende, y acepta que lo castiguen con resignación.

El cura Mosén Mayol, el cantinero Es Mariné, el carnicero, Guiem y demás personajes del pueblo, que aparecen en la novela, son casi todos representantes del régimen opresor. Ellos acusan y condenan a la gente, sin juicio justo. Matan a José Taronjí, rapan al cero a Sa Malene, mandan al reformatorio a Manuel. Todo es decidido por la gente del pueblo y no por la justicia. Una manera más de mostrar las injusticias de la guerra, y la opresión del régimen ganador.

En *Entre visillos* encontramos, a diferencia de las otras novelas mencionadas aquí, un personaje masculino principal, Pablo Klein, el profesor de alemán de Natalia, que es también el otro protagonista y narrador de la novela. Pablo es medio alemán y ha vivido fuera de España gran parte de su vida. Por esta razón, el personaje de Pablo parece ser diferente al de los otros personajes masculinos de la novela.

Al ser Pablo forastero sus dudas son tolerables a los otros personajes de la novela y al lector que se identifica con ellos. Pablo puede expresar lo que piensa con una impunidad que

no está al alcance de Natalia, y resulta así, sin proponérselo,
un aliado indirecto de la joven. (Riddel 111)

Pablo no es tan conservador ni patriarcal, como la mayoría de los
personajes masculinos de esta novela, aunque su relación con Elvira
sí lo ha sido un poco. Pablo es diferente, y eso es lo que le hace tan
atrayente hacia Natalia, y también hacia Elvira y Rosa. El anima a
Natalia a que siga estudiando y a que tenga, y defienda, sus propias
opiniones y sus propios deseos sobre su vida ante su padre y el resto
de la familia de Natalia. Pablo no sigue las reglas sociales consideradas
más correctas y decentes en la posguerra, para cortejar a mujeres
o para vivir decentemente, según el régimen social y cultural de la
época. Pablo es el personaje masculino que se rebela, como Natalia,
ante las injusticias, y los atrasos culturales y sociales de la sociedad de
la posguerra representadas en una ciudad de provincia española. El
personaje de Pablo cuestiona la actitud de los hombres en esta ciudad,
y también el de las mujeres. No quiere ser parte del grupo común de
hombres que van en busca del ligue temporal, en mujeres de cualquier
clase, y la mujer honrada y decente para futura esposa. Pablo reniega
de estas ideas sociales. El es amigo de Rosa, la cantante del café, y
mujer poco decente, socialmente, lo que sorprende a la gente que él
frecuenta. Pero también es amigo (un amigo especial) de Elvira, la hija
del hombre fallecido que lo contrató para trabajar en el instituto, y
que representa a la sociedad honrada de la clase media y medio-alta.
Y finalmente, Pablo también socializa con su alumna Natalia, aunque
solamente para darle consejos. Este hecho hace que Natalia lo admire
por ser diferente a los otros profesores y por preocuparse realmente
por el futuro académico y personal de ella. Pablo, aunque al final de la
novela acaba marchándose de allí, es el único personaje masculino que
parece rebelarse contra las normas sociales de la sociedad patriarcal
y conservadora de la posguerra, de esa ciudad de provincias. Según
Riddel, Carmen Martín Gaite hace que Pablo, el personaje masculino
protagonista en *Entre visillos* y también narrador en algunas partes de la
novela, tenga prácticamente igual de importancia que la protagonista
femenina Natalia, para así poder mostrar su femineidad con más
libertad:

La impostación de una voz masculina es la manera que tiene
Martín Gaite para explorar impunemente la femineidad
de su experiencia, de lograr los privilegios que se asocian a
esa voz y de satisfacer su anhelos de poder e independencia.
Los anhelos de poder e independencia que, dicho de paso,

"LA MADRE AUSENTE EN LA NOVELA FEMENINA
DE LA POSGUERRA ESPAÑOLA: PÉRDIDA Y LIBERACIÓN".

119

experimenta Natalia y que se implican en la novela, a través de su resistencia al crecimiento y a la participación en un mundo adulto que se los niega. (112)

Por otro lado están otros personajes masculinos como el padre de Natalia, y Emilio, el amigo de Pablo, que está enamorado de Elvira. Estos son personajes entremedios entre la sociedad conservadora que creen que deben seguir y preservar, y lo que a veces les dicta su corazón o su mente que deben hacer. Están confundidos, porque desean la felicidad de las personas amadas, pero al mismo tiempo quieren seguir las pautas sociales marcadas por la época y el régimen.

Finalmente podemos destacar entre otros personajes masculinos secundarios a Angel, el novio de Gertru, amiga de Natalia del instituto, pues es el personaje masculino más patriarcal, conservador y machista. El desea que su novia siga las tradiciones formales, aunque sean de lo más absurdo, para después ser su mujer de la manera más tradicional, machista e injusta posible. El es de los que se divierte con unas mujeres, de clase social baja o moralmente inaceptables, para después casarse solamente con las moralmente aceptables, vírgenes, serviciales y a ser posible ignorantes, para que nunca ser rebelen contra él. Y así habla Angel a Gertru después de una discusión: "No Gertru, chiquita, no me lo he tomado al revés. Es que hay cosas que una señorita no debe hacerlas. Te llevo más de diez años, me voy a casar contigo. Te tienes que acostumbrar a que te riña alguna vez. ¿No lo comprendes? (*Entre visillos* 151). El personaje de Angel es el prototipo de hombre más machista de la obra, y Natalia no siente ninguna simpatía por el novio de su amiga.

Por último, en *Nada,* los dos personajes masculinos que destacan son los dos tíos de Andrea. Tío Román y tío Juan. Los dos son muy opuestos, como Caín y Abel, y por tanto se pelean constantemente: "¡Pégame, hombre, si te atreves! dijo Román ¡me gustaría que te atrevieras!, ¡Pegarte! ¡Matarte! ... Te debería haber matado hace mucho tiempo" (29). Los dos representan distintos aspectos de la sociedad patriarcal, conservadora y machista de la época. Y aunque son contrarios al gobierno vencedor y a la Iglesia (ambos lucharon en el bando republicano durante la Guerra Civil), no dejan de seguir siendo, como cualquier otro hombre tradicional de la posguerra, hombres que se creen superiores a las mujeres por hecho y derecho. Ni sus ideas republicanas, ni sus otros ideales les han hecho cambiar durante o después de la guerra. Sin embargo, hay una gran diferencia entre ellos dos. Tío Román será el admirado y envidiado por casi todos los de la casa y fuera de ella. Incluso Andrea siente, en un principio, una fascinante admiración por ese tío suyo tan bohemio, fascinante e intrigante. Román enamora a la madre de Ena, en su juventud, y a Ena ahora, cuando él le dobla la edad o más. Fue un gran músico, es soltero, ha viajado mucho, se ha rodeado por gente de todas clases; y aunque no está muy claro si es honrado o no, parece que tiene dinero. Su enigmática vida es fascinante para Andrea y para su amiga Ena, pero ambas acabarán por darse cuenta de que no es más que como otro hombre cualquiera, y su admiración por él irá desapareciendo poco a poco. Román acabará suicidándose; pues él mismo se da cuenta de que ya no atrae a las mujeres como lo hacía antes, y su vida ya no es fascinante ni interesante, ni para los demás, ni para él mismo. Y además, aunque no está muy claro en la novela, parece que se dedica también a negocios ilegales, y los problemas que ha tenido con éstos, le han podido llevar también a la desesperación y por tanto a su suicidio. Tío Román es un personaje perverso y sadístico que sacrifica a la gente que le rodea para su propio gusto y placer, pero que acaba siendo víctima de sí mismo.

Tío Juan, por otro lado, tiene poco de romántico, aunque es un artista, un pintor. Aunque sus cuadros no se venden, y su mujer, Gloria, a escondidas es la que trae dinero a casa haciéndole creer que sus cuadros sí que se venden. Pero también es, de los dos hermanos, el más violento, y el más machista. Trata muy mal a su mujer, y no respeta apenas a su anciana madre, ni a ningún miembro de la familia. Desde un principio, Andrea siente hostilidad hacia él, y se aparta todo lo que puede de él y de su familia. El personaje de tío Juan representa el dictador violento, intransigente y peligroso. Y aunque tiene momentos de ternura con su mujer e hijo, en general, no es respetado por nadie, y esto le desespera.

Aparte de los dos tíos de Andrea los otros personajes masculinos que aparecen en la gran galaxia de personajes de la novela son, por lo general, amigos de la universidad de Andrea, como Gerardo, Pons, Jaime. La mayoría son de un nivel social más elevado que ella; y casi nadie le presta atención. Pons parece interesado por ella, y Andrea se deja querer, pero pronto desaparecerá el interés de ambos. Gerardo es un personaje enigmático que a Andrea no le hace mucha gracia. Gerardo tiene interés en Andrea pero ésta la rechaza, especialmente después de una noche cuando Andrea paseando por las calles de Barcelona se encontró con Gerardo que la acompaño a casa, y que con ello deshizo el encanto que la noche de Barcelona tenía para Andrea cuando andaba sola. Gerardo es un bohemio que es presentado en la novela como un pesado y ridículo, pera a él le gusta ser así. Jaime es el novio de Ena, y es cordial con Andrea, pero solamente porque es

"LA MADRE AUSENTE EN LA NOVELA FEMENINA
DE LA POSGUERRA ESPAÑOLA: PÉRDIDA Y LIBERACIÓN".

121

amiga de Ena. Así pues, sólo cuando Ena se hace amiga de Andrea, los muchachos se acercan a ella, y le proporcionan algún tipo de amistad. La pobreza de Andrea es obvia, su ropa, su rara familia, y la sociedad en la que se mueve, aunque sea la sociedad moderna universitaria, también se hace eco de esos detalles sociales que hacen distinguir y diferenciar muy claramente a la gente en esta sociedad. Andrea, aunque se siente a gusto en la universidad, acaba dándose cuenta de que ni allí puede huir de su destino social como persona pobre, ni como mujer. Las calles de Barcelona serán su libertad. Ni su casa ni la universidad le proporcionarán la ansiada libertad e independencia como mujer, pero las calles de la ciudad sí se la dan, en cierto modo.

Así pues, los personajes masculinos dominantes, aceptados en mayor o menor grado, por las protagonistas de estas tres novelas, son: Jorge de Son Major, Pablo Klein, y tío Román. Estos tres personajes de distintas autoras, tienen también muchas cosas en común: Los tres han viajado y vivido en el extranjero. Por lo que no son el típico hombre español tradicional y conservador, sino todo lo contrario; son rebeldes, cada uno a su manera, son anti-sociales, y son admirados por las protagonistas femeninas, al menos en algún momento de las novelas. Los tres personajes tienen su controversia y su exotismo, y se alienan ellos mismos de la sociedad donde viven. Sus vidas, en estas novelas, también tienen un final distintivo en su mayoría. Pablo deja su trabajo, la ciudad, y probablemente el país. Tío Román acaba suicidándose, y Jorge de San Major, desaparece; o mejor dicho no aparece para nada, cuando su hijo Manuel necesita su ayuda y defensa. San Major es el personaje masculino ausente, es como si hubiera desaparecido de la ciudad, y de la vida de estos protagonistas. En otra novela de Ana María Matute *Los soldados lloran de noche*, continuación de *Primera memoria*, y segunda novela de la trilogía *Los mercaderes*, sabremos que el personaje de Jorge San Major muere y deja su herencia a Manuel, aunque a éste no le importa esa herencia en absoluto.

Por otra parte, los demás personajes masculinos de estas tres novelas son aún menos relevantes que los tres anteriores mencionados. Estos son, en su mayoría, personajes masculinos secundarios que representan el orden establecido. Siguen las normas tradicionales, conservadoras y patriarcales establecidas por la iglesia y el gobierno dictatorial. No les interesa cambiarlas, pues están siempre en su favor con lo que se refiere a las mujeres, y les conviene. Por eso en estas tres novelas todos ellos son personajes irrelevantes, y son marginados en importancia por los personajes femeninos.

La madre ausente de las protagonistas y el fracaso en encontrar una madre-sustituta, provoca que estas protagonistas busquen , como dicen Hirsch y Freud en la "novela familiar", otras relaciones y lazos más fraternales y menos maternales; por lo que acabarán encontrándolos, en cierto modo, en la admiración hacia estos personajes masculinos rebeldes que no son como el resto de los hombres típicos de la sociedad patriarcal de la posguerra española, sino todo lo contrario.

**Conclusión:**

Las funciones de esta galaxia femenina son, pues, mostrar la represión en que vivían las mujeres de la posguerra, a causa de los tres entes mencionados: el Gobierno, la Iglesia, y la Sección Femenina de la Falange. Así como la falta de la representación de la madre-sustituta, para llenar el vacío que deja la madre ausente de las protagonistas, entre tanta cantidad y variedad de personajes femeninos en estas obras. Y, al mismo tiempo, mostrar, también que todos los personajes masculinos son irrelevantes con respecto a los personajes femeninos, aunque tampoco eran todos iguales. Había algunos personajes masculinos, aunque muy pocos, que sí apoyaban a las mujeres, pero dentro de unos límites también (Manuel, Pablo). Sin embargo, ni siquiera éstos conseguían llenar el vacío de la madre ausente, a consecuencia de que todos los personajes masculinos principales o secundarios, representaban en mayor o menor grado, a la sociedad patriarcal de la posguerra española.

Por otro lado, esta galaxia femenina nos muestra también que era posible rebelarse ante el sistema y sobrevivir; aunque pocas figuras femeninas lo consiguen (Andrea, Natalia). Pero aún así, esta rebelación será a base de mucho sufrimiento y tristeza; ya que la ausencia de la madre de estas protagonistas será la base principal y común para que ellas puedan rebelarse ante la sociedad patriarcal, y ser libres e independientes; aunque esa ausencia les cause tristeza, desesperanza y frustración.

> Los personajes femeninos de la obra, representan facetas de la vida por englobar la narración varias categorías de personas según la edad y el estado civil: la adolescencia próxima a incorporarse a la juventud, la treintañera en la fase de integración a la soltería por razón de la edad, y algunos personajes femeninos en edad de merecer marido. (Mayans 21)

Toda esta galaxia femenina que hay en las tres novelas representan, como dice Mayans, diversas facetas de la vida, por su edad, su estado

"LA MADRE AUSENTE EN LA NOVELA FEMENINA
DE LA POSGUERRA ESPAÑOLA: PÉRDIDA Y LIBERACIÓN".

123

civil y demás. Las protagonistas principales representan generalmente la adolescencia: Matía está empezándola, Natalia está en medio de ella, y Andrea está ya casi al final. Por lo que todas están en la edad en la que necesitan más a una amiga con quien compartir sus inquietudes, una amiga que sustituya a su idealizada madre ausente, y aunque no sea una madre para ella, pueda al menos ser su confidente y su apoyo. Algunas (Andrea) lo consiguen con figuras femeninas de la novela (Ena y su familia), pero otras extráñamente lo consiguen más con figuras masculinas (Natalia con Pablo, y Matía con Manuel). Pero estas figuras masculinas, Pablo y Manuel, no representan generalmente al típico personaje tradicional, conservador y androcéntrico de la sociedad española de la posguerra, sino que todo lo contrario, son personajes más comprensibles y más justos con la igualdad de las mujeres, y que es lo que gusta a las protagonistas de estas obras. Y sólo representan a la sociedad patriarcal en muy pocas situaciones, como Pablo y su relación con Elvira, o Manuel con su madre Sa Malene.

Estas heroínas, jóvenes mujeres, se enfrentan a problemas no solamente propios de su edad y condición de mujer, sino también a otro tipo de problemas causados por el ambiente histórico, social y cultural de su país, España, como es la Guerra Civil española. Problemas que afectan tanto a hombres como a mujeres; pero que, en nuestra opinión, la mujer, por vivir en una sociedad tan patriarcal, sufrió los efectos de la guerra civil en mucha mayor medida que el hombre, al menos desde el punto de vista psicológico; y la posguerra la sumió en la marginación y el aislamiento. Las mujeres están condenadas desde que nacen a ser secundarias al hombre, y a quedarse en sus casas para poder servirle mejor y en todo momento. Pero no todas ellas aceptan ese papel en la vida, y los personajes femeninos principales en estas tres novelas, así lo demuestan. Carmen Laforet, Ana María Matute y Carmen Martín Gaite, han elegido presentar, de una manera extraordinaria, una "Galaxia femenina" de personajes principales heroicos; y en oposición, una minoría de personajes masculinos secundarios e irrelevantes. Esta Galaxia femenina, con mujeres que se rebelan y mujeres que se resignan, es lo que nos hace comprender mejor a los lectores ese mundo tan injusto e irracional que tuvieron que sufrir las mujeres españolas de la posguerra española.

# CAPITULO -IV-

**IV- IDENTIDAD E INDEPENDENCIA.** En búsqueda de una identidad propia y de liberación. Deconstrucción del mito del amor y del matrimonio.

En este último capítulo queremos mostrar la búsqueda de la identidad propia y la independencia de la mujer con respecto al hombre en estas tres novelas estudiadas. En ellas, las tres jóvenes protagonistas no se conforman con lo que sus familias y la sociedad de la posguerra con las tres grandes entidades de la época el Gobierno, la Iglesia y la Sección femenina de la Falange espera de ellas, por lo que viven sus años de la adolescencia luchando en busca de su propia identidad. Ellas no quieren depender del hombre ni económica ni emocionalmente, sino que quieren liberarse de esas ataduras que las oprimen, y tener las mismas oportunidades y derechos que él. Estas niñas-mujeres desean vivir su propia vida y no la que se les ha asignado, por ser mujer, en la época en que les ha tocado vivir.

Las mujeres de la posguerra habían perdido muchos de los derechos ganados durante la República, mencionados ya en otros capítulos; y ahora, durante el franquismo, su futuro como persona y mujer estaba muy limitado, y sus derechos aún más. El hombre de la familia era el que decidía por la mujer, y ésta estaba obligada a hacer lo que éstos decidían por ella, truncando así cualquier deseo de independencia de la mujer:

"LA MADRE AUSENTE EN LA NOVELA FEMENINA
DE LA POSGUERRA ESPAÑOLA: PÉRDIDA Y LIBERACIÓN".

125

> The strong ties between the church and the majority of females in Spain until the civil war had truncated the possibility of feminism or any semblance of independent, critical thinking. For the church advocated not only women's innocence in pedagogical matters, but also their subservience to males-priests, husbands, fathers or any other male relative who was responsible for the chastity of his female charges. (Mangini 25)

> (Los fuertes lazos entre la Iglesia y la mayoría de las mujeres en España hasta la Guerra Civil han roto la posiblilidad de feminismo o de cualquier parecido de independencia, de pensamiento crítico. Ya que la Iglesia defiende no solamente la inocencia de las mujeres en los aspectos pedagógicos, sino también su servidumbre a los sacerdotes, maridos, padres o cualquier otro familiar masculino que fuera responsable de la castidad de la mujer a su cargo).

La igualdad con el hombre había retrocedido, y aunque muchas mujeres aceptaron esta nueva situación, otras menos se rebelaron e intentaron conseguir una propia identidad, independientemente del hombre; como lo representan en las obras literarias de la época las tres protagonistas de las novelas estudiadas aquí.

Andrea, en *Nada*, no quiere seguir las reglas que su tía Angustias le dicta (casarse o ser monja), quiere salir cuando quiera y con quien quiera; y tampoco le hace caso a su tío Juan, que es quien quiere llevar las riendas de la casa, después de irse Angustias. Andrea acabará saliendo de esa casa y familia, pero entrará en otra, la de su amiga Ena; pues, aunque no es la familia perfecta que le hubiera gustado tener, sí le dará esa independencia que busca. Andrea no empezará a vivir sola todavía, aunque lo desea (y parece que algún día lo hará); pero lo que sí está claro es que empezará a tener ya una identidad propia, bien lejos de la familia patriarcal y autoritaria que la recriminaba y limitaba. La ausencia de su madre será lo que le ayudará al final de la novela, y gracias a esa búsqueda de llenar el vacío de su madre, a su liberación e independencia de la autoridad patriarcal de la sociedad de la posguerra española.

Matía, en *Primera memoria*, es todavía muy joven y no tiene más remedio que vivir donde la obligan, con su abuela en este caso. Sin embargo, muestra muy pronto sus deseos de libertad e independencia, que ya tenía cuando vivía con la criada de su padre, y a consecuencia de la ausencia de su madre. Matía muestra estos deseos de independencia especialmente de su primo Borja, con quien le obligan a ir. Borja la rechaza varias veces y Matía se siente mal, pues parece que la rechaza de su grupo de amigos por ser mujer. Por esta razón, Matía buscará su independencia de él, que es un cruel opresor, y la encontrará en su amistad con Manuel, un muchacho no bien visto por la sociedad; pues, aunque es muy buen chico, es un hijo bastardo (de Jorge de Son Major). Matía, con su actitud independiente, conseguirá irritar a su primo Borja; quien por celos de Manuel y rabia de la rebelión de Matía, acabará acusando a Manuel de un falso delito, y éste irá a parar a un reformatorio. La libertad e independencia buscada por Matía acaba mal; pues tiene como consecuencia el dolor y sufrimiento de su amigo Manuel, y Matía es demasiado cobarde, o más bien, demasiado pequeña e impotente todavía para poder o saber enfrentarse a su familia, y defender así a Manuel. Matía desea liberarse de lo que la sociedad autoritaria y patriarcal de la posguerra le impone, pero no lo acaba de conseguir.

Natalia, de *Entre visillos*, no tiene muy claro lo que quiere hacer, al principio de la obra. No obstante, sabe que no quiere acabar como sus hermanas Mercedes y Julia, las cuales van a la iglesia todos los días, y a las tertulias ventaneras por las tardes. Natalia es más joven que ellas, más retraída y tiene interés en estudiar, lo que no hicieron sus hermanas. Estudiar, tener una carrera universitaria es, pues, otra manera de independizarse de la familia, y de la supremacía del hombre. Natalia, sintiéndose diferente e incomprendida, y sin poder hallar una figura materna que sustituya el vacío de su madre ausente, se refugia en sus libros y en sus charlas con Pablo Klein. Poco a poco, ella se irá dando cuenta de que sí que es posible otro mundo distinto del que ella vive, para las mujeres en general y para ella en particular. Al final, decidirá seguir estudiando, y lejos de la ciudad donde vive, aunque tenga que enfrentarse a su padre por ello; y por tanto, a la cerrada sociedad de la posguerra en la que vive. Julia, otra hermana de Natalia, también se independizará del padre; pero lo tiene que hacer a escondidas. Julia se irá a vivir a Madrid con unos familiares, para así estar cerca de su novio y casarse con él, aunque sea sin el consentimiento paterno. Natalia es la única de la familia que la apoya y le ayuda a marcharse de casa.

En estas tres novelas vemos una constante búsqueda de identidad propia y de independencia del hombre, padre o esposo, por parte de las protagonistas femeninas. La niña-adolestente huérfana de madre, aquí, no quiere ser como las demás mujeres típicas de la ideología machista del franquismo, que encuentra en su madre-sustituta. No

"LA MADRE AUSENTE EN LA NOVELA FEMENINA
DE LA POSGUERRA ESPAÑOLA: PÉRDIDA Y LIBERACIÓN".

127

quiere casarse por obligación social; y si se casa, quiere que sea por amor y no por establecerse económicamente ni para tener una seguridad. Es decir, ellas no quieren hacer lo mismo que han hecho, generalmente, las otras mujeres adultas que conocen en sus vidas, y que simbolizan la resignación y la sumisión al poder androcéntrico y patriarcal. Y por esta razón, las autoras de estas novelas hacen que las madres de las protagonistas sean madres ausentes.

Las tres protagonistas de estas novelas son huérfanas de madre; pues, para las autoras, el modelo de madre que el gobierno patriarcal y androcéntrico del franquismo de la posguerra desea y promueve, a través de las enseñanzas de la Sección Femenina, no es el que ellas quieren para las protagonistas de sus obras. Es mucho mejor que el personaje de la madre esté ausente para que las protagonistas, debido a la devoción y amor de las hijas hacia sus madres, no tengan que sentir la obligación de imitar o ser como estas madres. Silenciando a este tipo de mujer franquista mediante la muerte o la ausencia, la autora hace que estas protagonistas tengan un poco más de libertad de selección del modelo de madre que desean tener o imitar y así poder ser diferentes a sus madres. "Women writers' attempts to imagine lives for their heroines which will be different from their mother's make it imperative that mothers be silent or absent in their texts" (Hirsch 34). (El intento de las mujeres escritoras de imaginar unas vidas para sus heroínas que sean diferentes de las de sus madres hace imperativo que las madres esten en silencio o ausentes de sus textos).

Si la madre de las protagonistas existiera en sus vidas, sería prácticamente imposible rebelarse contra ellas, en esa época. La posguerra franquista realzaba mucho la imagen de la madre y la maternidad. El franquismo quería que las mujeres tuvieran muchos hijos, hijos sanos y fuertes, para servir a la patria. Por esta razón, el gobierno apoyaba a la organización falangista de la Sección Femenina para que enseñase a las futuras madres de españoles a ser la perfecta madre, educadora de sus hijos de la ideología franquista, y educadora de sus hijas para servir y obedecer a los hombres de la familia. Las mujeres tenían, según la ideología franquista, la única finalidad en la vida de ser madres (a excepción de las monjas, y de algunas mujeres que se quedaban solteras para servir a la Sección Femenina y al gobierno educando a las otras mujeres).

Las autoras de estas novelas rechazan ese tipo de mujer franquista que el gobierno desea, por lo que si las protagonistas de sus novelas tuvieran una madre franquista, lógico en la época, tendrían que enfrentarse a ellas en sus ideas; lo que provocaría un enfrentamiento entre hijas y madres que las autoras consideraron innecesario para la sensibilidad moral de los lectores de la época, que considerarían una barbaridad y una falta de respeto hacia la propia madre el tener que rechazarla o enfrentarse a ella en cualquier discusión. De este modo, si las protagonistas no tienen madres, y las únicas personas que les hacen el papel de madre son otras mujeres de su entorno (abuela, tía, criada) pero no tan cercanas a ellas como la propia madre, entonces el enfrentamiento y la rebelión no parecería tan irreverente.

Carol Gilligan, en su obra *In a Different Voice,* y comentando la obra de Nancy Chodorow *Family Structure and Feminine Personality* (1974), dice lo siguiente sobre la búsqueda de la identidad propia en las mujeres:

> Female identity formation takes place in a context of ongoing relationship since "mothers tend to experience their daughters as more like, and continuous with, themselves." Correspondingly, girls, in identifying themselves as female, experience themselves as like their mothers, thus fusing the experience of attachment with the process of identity formation. ( 7-8)

> (La formación de la identidad femenina tiene lugar en un contexto de relaciones contínuas puesto que "las madres tienden a experimentar a sus hijas como, y con, ellas mismas." Por consiguiente, las hijas, identificándose ellas mismas como mujeres, se ven a sí mismas como a sus madres, lo que funde la experiencia de afecto con el proceso de formación de identidad).

Las mujeres buscan su identidad propia a través de las relaciones que tienen con la gente que les rodea, especialmente con sus madres. Las chicas se identifican con el modelo de mujer que ven en sus propias madres, y por eso su estrecha relación con ellas es muy importante. Cuando la madre está ausente, como en las tres obras estudiadas aquí, entonces hay un vacío en el modelo de mujer que las protagonistas necesitan para encontrar su propia identidad; lo que provocará frustraciones, aislamiento y soledad " ... male gender identity is threatened by intimacy, while female gender identity is threatened by separation. Thus males tend to have difficulty with relationships, while females tend to have problems with individuation" (Gilligan 8). (La identidad del género masculino es amenazada por la intimidad, mientras que la identidad del género femenino es amenazada por la separación. Los chicos tienden a tener dificultades

"LA MADRE AUSENTE EN LA NOVELA FEMENINA
DE LA POSGUERRA ESPAÑOLA: PÉRDIDA Y LIBERACIÓN".

129

con las relaciones con otras personas, mientras que las chicas tienden a tener problemas con su propia individualización).

Es decir, la búsqueda de la identidad propia de las chicas es más difícil cuando hay una separación de éstas con sus madres, durante el período de la adolescencia, tan importante para su madurez; y en consecuencia el poder convertirse en un individuo propio e independiente es mucho más difícil para ellas. La ausencia de la madre causa unos sentimientos de abandono y soledad en estas protagonistas, los que normalmente no ocurrirían si la madre estuviera presente en la vida de estas adolescentes y pudiera ayudarlas a madurar. Sin embargo, esta misma ausencia de la madre en las narraciones estudiadas tiene sus ventajas también; pues al rebelarse, las protagonistas no se rebelan contra la madre, sino contra otra figura femenina. De este modo, es más fácil que las protagonistas se atrevan a confrontar estas otras figuras femeninas que no son sus propias madres, y es por lo tanto mucho más posible que consigan su liberación de tener que ser o actuar como las típicas madres franquistas que obedecen al régimen.

En estas tres obras de Laforet, Martín Gaite y Matute vemos también, y a consecuencia del rechazo de la figura femenina franquista, cómo hay una deconstrucción constante del mito del amor y del matrimonio, y cómo la niña-mujer protagonista se rebelará ante estos mitos. Estas mujeres quieren ser de alguna manera independientes, económica y socialmente; y también quieren ser diferentes de lo que son ahora sus madres-sustitutas. Las protagonistas quieren huir del mundo reservado a las mujeres (la casa, la cocina, los hijos) del que nos hablaba Pilar Sinués en *El Angel del hogar*, para poder intentar ser parte del mundo reservado a los hombres (independencia, liberación social). Las mujeres no siempre se enamoran, ni se casan y viven felizmente toda su vida al servicio del hombre, como sugieren las novelas rosas de Carmen Icaza, y quieren hacer creer las instituciones políticas de la época; sino que para muchas de ellas, el amor no siempre se encuentra, o es simplemente temporal y efímero, y el matrimonio es sólo otra manera más de subyugo al hombre.

Andrea en *Nada* no piensa todavía en el amor y el matrimonio, a pesar de tener ya dieciocho años y ser la mayor de las tres protagonistas estudiadas aquí; sin embargo, sí que tiene deseos de ser querida por alguien, porque eso le hace sentirse bien e importante como mujer: "El sentimiento de ser esperada y querida me hacía despertar mil instintos de mujer; una emoción como de triunfo, un deseo de ser alabada, admirada, de sentirme como la cenicienta del cuento, princesa por unas horas, después de un largo incógnito" (222). Pero lo que la verdadera cenicienta del cuento de hadas, llevaba que llamó gratamente la atención del príncipe y que hizo que éste fuera en su busca, eran los zapatos de cristal tan bonitos y delicados; mientras que en el caso de Andrea, fueron precisamente sus zapatos lo peor de su indumentaria, lo que más resaltaba su pobreza y que la delataba de no estar, socialmente, a la altura de sus amigos de la universidad, y lo que determina el desencanto entre la pareja. De este modo, su medio-novio Pons y la familia de éste no son como Andrea esperaba, y acaba distanciándose de él. El amor y el matrimonio no son, en estos momentos, importantes aspectos de la vida de Andrea, especialmente después de este incidente en la fiesta; por lo que, para Andrea, su independencia y la búsqueda de una identidad propia son lo único que le interesa por ahora.

Natalia en *Entre visillos* tampoco piensa en el amor o el matrimonio, todavía. Ambas cosas están aún muy lejos, si es que llegan a ocurrir. Natalia ve a su amiga Gertru, que tiene la misma edad que ella (dieciséis años), totalmente cambiada desde el curso anterior; pues ahora Gertru tiene novio y está planeada ya su boda. Natalia no comprende la prisa de Gertru, ni acepta el nuevo mundo en el que Gertru se ha metido, el mundo de los cotilleos sociales entre chicos y chicas. Para Natalia todas esas cosas son estupideces, y no tienen la atracción que los estudios, sus libros y su diario tienen para ella. Además de esto, también ve en su casa como su hermana Julia sufre por querer a un muchacho, Miguel, que no es querido en la familia, lo que a Natalia le parezca mal, y anime a Julia a irse a Madrid para estar cerca de su novio Miguel.

Matía en *Primera memoria*, tampoco piensa todavía en el amor y el matrimonio; pues es la más joven de las tres protagonistas (catorce años), y todavía piensa más en su muñeco Gorogó y sus cuentos de hadas que en futuros pretendientes. Para ella la relación "amorosa" de su tía Emilia y su tío Alvaro es algo que no entiende todavía y que no tiene ningún interés en entender:

> La tía Emilia guardaba las cartas en una caja de madera, las sacaba una a una, y las releía .... Y yo me sentía ajena a aquel mundo. Había llevado a Gorogó conmigo, lo tenía escondido entre el pecho y la combinación, y en aquel momento la tía Emilia dijo: ¿Qué estás escondiendo ahi?, ¡Nada! .... En lugar de burlarse dijo: ¡Ah, es un muñeco! .... Sí, yo también dormía con un muñeco, hasta casi la víspera de casarme. (126)

"LA MADRE AUSENTE EN LA NOVELA FEMENINA
DE LA POSGUERRA ESPAÑOLA: PÉRDIDA Y LIBERACIÓN".

131

La ausencia de la madre de las protagonistas femeninas de estas novelas es un aspecto muy importante para conseguir la independencia y la búsqueda de identidad de las heroínas; pues, al no tener un modelo de madre ideal que seguir, las protagonistas se sienten perdidas. Ellas buscan primero entre los miembros de sus familias o de sus amistades alguien que sustituya a sus madres; pero no sólamente porque tienen falta de amor, sino también porque necesitan un modelo que seguir, un apoyo que las guíe en sus adolescentes vidas, y no lo encuentran. Independizarse de la figura patriarcal, propuesta por el régimen franquista de la época, y que se expande a las figuras matriarcales (como la abuela de Matía, doña Práxedes) y encontrarse a sí mismas, teniendo una identidad propia, es como conseguir ser ellas mismas, sus propios modelos de madre ideal. La madre verdadera está ausente, pero la motivación y rebeldía, de estas madres, están presentes en sus hijas. Están siempre presentes en la imaginación de estas protagonistas que sueñan con encontrar a alguien como ellas algún día para que las sustituya, o poder llegar ellas mismas, las protagonistas, a ser algún día como sus idealizadas madres ausentes.

María Jesús Mayans, en su obra *Narrativa feminista española de posguerra*, comenta la búsqueda de identidad por la que atraviesan muchas de las protagonistas de obras escritas por mujeres de la posguerra española:

> Los años que coinciden con la pubertad corresponden a varias fases que en conjunto señalan la evolución de la personalidad a medida que el individuo se enfrenta con el mundo y consigo mismo. De aquí la importancia de este período que implica la búsqueda del ser en la adolescente, de su lugar en el mundo y de su relación con los demás individuos, bajo el impacto de fuertes sensaciones e impulsos vagamente comprendidos, simultáneos a los cambios fisiológicos característicos de la adolescencia. (103)

Las tres heroínas de las novelas estudiadas aquí son adolescentes; y por lo tanto están, como dice Mayans, en ese período crítico de la vida en el que su personalidad está evolucionando y en el que están buscando tener una identidad propia.

Los modelos de mujer que tienen, para encontrar esa identidad propia, no son sus propias madres; pues sus madres están ausentes, muertas. Entonces buscan otros modelos de mujer a quienes seguir, admirar e incluso imitar; pero lo que encuentran no es lo que desean. Es muy difícil encontrar un modelo ideal de mujer entre este contexto histórico, social y cultural de la posguerra española; pues dicha sociedad lo impide. Los límites, las frustraciones, decepciones, desilusiones que encuentran las mujeres de la posguerra en su camino hacia el mundo adulto son tan grandes, que muchas de ellas acaban por aceptar ese mundo de opresión e injusticia social. Sin embargo, algunas pocas, como las tres protagonistas de las obras estudiadas aquí, no se dejan vencer tan fácilmente, y consiguen, en general, ser diferentes y encontrar su propia identidad.

### Identidad e independencia en *Primera memoria.*

El período de la adolescencia, como ha dicho Mayans en la cita de arriba, es muy importante, en el personaje femenino central de esta obra, para encontrar su propia identidad (103). Matía está en el principio de su adolescencia, por lo que muchas veces todavía es una niña, y es muy difícil para ella encontrar su propia identidad. Su madre está muerta, ausente, y su padre está siempre lejos; por lo que su vida, ahora, consiste en estar junto a su primo Borja, cruel y autoritario, casi todo el día. Y además vive bajo la tutela y autoridad patriarcal de su abuela doña Práxedes, que sólo quiere domarla de su estado "salvaje".

De este modo, Matía vive los difíciles años de la adolescencia junto a unos seres dominantes, autoritarios y patriarcales. Doña Práxedes es la madre-sustituta de Matía, pero ésta no encuentra el modelo ideal a imitar en aquélla durante el período de crecimiento de la edad infantil a la adulta. Por eso, Matía se rebela contra ella, y contra Borja que también representa la represión patriarcal como la abuela, haciendo todo lo que puede para molestarles a los dos; intentando así conseguir algo de libertad, independencia y quizás, algún día, su propia identidad.

En *Primera memoria* de Ana María Matute, hay varios pasajes que muestran el dominio del hombre sobre la mujer, durante esta época de la guerra y posguerra española. Matía hablando, de su primo Borja, comenta cómo tanto ella como otros chicos se sienten dominados por Borja: "Me pregunté por qué razón nos dominaba a todos: hasta a los mismos de Guiem, que siempre aceptaban sus treguas" (55). Matía, al ser mujer, no puede salir de casa sola, sino que tiene que ir acompañada de su primo Borja, que es el "hombre" de la familia ahora, aunque sea un adolescente. Borja tiene más derechos y libertades que Matía por ser un chico, y Matía no tiene más remedio que aceptarlo aunque no le gusta; pues Borja es el único medio que tiene Matía de poder salir de casa de la abuela y tener algo de libertad

"LA MADRE AUSENTE EN LA NOVELA FEMENINA
DE LA POSGUERRA ESPAÑOLA: PÉRDIDA Y LIBERACIÓN".

133

e independencia. La abuela, doña Práxedes, representa el dominio de la mujer patriarcal sobre todos los miembros de su familia. La abuela es viuda y rica, por lo que ella es quien manda allí ahora, al no estar su marido vivo, ni tener a ningún varón adulto viviendo en la casa. La abuela, por su actitud autoritaria y patriarcal, representa típicamente a las tres grandes entidades dominantes de la época (el Gobierno, la Iglesia y la Sección Femenina); por lo que ella será la que se encargue de que todos los miembros de su familia, y de la casa, sigan perfectamente el orden establecido.

Así pues, sobre Matía decía la abuela que había que domarla, pues había sido embrutecida, por su padre y su sirvienta, antes de llegar a casa de la abuela. Y así cuenta Matía lo que dice la abuela de ella:

> Fuí -continuaba, ante la malévola atención de las de Son Lluch- embrutecida por los tres años que pasé con aquella mujer en una finca de mi padre, hipotecada, con la casa medio caída a pedazos. Viví, pues, rodeada de montañas y bosques salvajes, de gentes ignorantes y sombrías, lejos de todo amor y protección (Al llegar aquí mi abuela me acariciaba.) -Te domaremos- me dijo, apenas llegué a la isla. (13)

Esto no le gustó a Matía en aboluto, acostumbrada a la libertad que tanto su padre como la sirvienta le daban, después de la muerte de su madre, siendo Matía todavía un niña. Y muy pronto aparecieron en Matía los primeros signos de rebeldía:

> Luego me llevaron otra vez a la ciudad, y me internaron en Nuestra Señora de los Angeles. Sin saber por qué ni cómo, allí, me sentí malévola y rebelde; como si se me hubiera clavado en el corazón el cristalito que también transformó, en una mañana, al pequeño Kay. Y sentía un gran placer en eso, y en esconder (junto con mis recuerdos y mi vago, confuso amor por un tiempo perdido) todo lo que pudiera mostrar debilidad, o al menos me lo pareciese. Nunca lloré. Durante las primeras vacaciones jugué poco con Borja. Me tacharon de hosca y cerril, como venida de un mundo campesino, y aseguraron que cambiarían mi carácter. Año y medio más tarde, apenas amanecida la primavera -catorce años recien cumplidos-, me expulsaron, con gran escándalo y consternación, de Nuestra Señora de los Angeles. (17)

Y la razón por la que expulsan a Matía del colegio de monjas fue porque le quitaron a su muñeco Gorogó, como ya hemos explicado más detalladamente en el capítulo dos de este estudio. Así pues, Matía está tan obsesionada con rebelarse contra lo que la sujeta de sus deseos, que hasta sueña con esa rebeldía: " ... sabía que estuve soñando que Borja me tenía sujeta con una cadena y me llevaba tras él, como un fantástico titiritero. Me rebelaba y deseaba gritar –como cuando era pequeña, en el campo–, pero Borja me sujetaba fuertemente" (25). De este modo, Borja representa para Matía una fuerte represión social; Borja es como el gobierno autoritario, patriarcal y dominante, que sujeta y arrastra a Matía a seguir bajo su yugo, y para impedir que se rebele.

"El adoctrinamiento y las experiencias extraídas de la realidad contribuyen a crear en la joven sentimientos antisociales, explícitos en el rechazo de las normas que le son transmitidas y de los personajes que las predican representando el sistema social" (Mayans 68). Borja y la abuela doña Práxedes son los personajes que adoctrinan a Matía para que siga las normas de la sociedad patriarcal de la época, en la que el hombre ordena y manda y la mujer obedece y sirve; por lo que esto crea en Matía esos sentimientos antisociales que tiene en la obra, y también esa necesidad de búsqueda de su propia identidad, diferente a la de su abuela, a la de su primo Borja, y a la que las monjas querían de ella. Lo que no es aceptado por la familia y la sociedad, y por eso es tachada de "salvaje".

En otra escena de la novela, Matía está muy enfadada porque, al ser mujer, su primo Borja y los amigos de éste no le dejan ir con ellos al Naranjal, un lugar al que sólo van hombres o muchachos. La condición de ser mujer es lo único que le impide a Matía ser como ellos: "Me tuve que volver sola en la *Leontina*, llena de rabia. Ellos, los malditos, se subieron a la motora de Es Mariné ....y Es Mariné me dijo: Suba a la barca, pequeña. Y váyase, váyase. Luego, ya lo sabía yo: venían dos, o tres, o un solo día de tregua" (109-10). Es Mariné y los chicos no la dejaron ir con ellos, pues donde iban y lo que iban a hacer allí no era un lugar para chicas.

> Contra todo, al regresar en la *Leontina*, desterrada por ser muchacha (ni siquiera una mujer, ni siquiera) de la excursión al Naranjal, contra todos ellos, subía a mi habitación, sacaba de bajo los pañuelos y los calcetines a mi pequeño Negro, miraba su carita y me preguntaba por qué ya no le podía amar. (116-17)

"LA MADRE AUSENTE EN LA NOVELA FEMENINA
DE LA POSGUERRA ESPAÑOLA: PÉRDIDA Y LIBERACIÓN".

135

Matía está en el período de crecimiento de niña a mujer, ya no puede amar a su muñeco porque está empezando a dejar de ser niña para ser una adolescente; pero es una adolescente con deseos de aventura e independencia como cualquier adolescente chico o chica. Sin embargo, el hecho de ser chica es precisamente lo que hace que sea rechazada por los otros adolescentes varones. El mundo del hombre, dominando a la mujer, es un mundo injusto que Matía rechaza y que hace que casi desee ser hombre también para poder tener y disfrutar de los mismos derechos.

Carol Gilligan en su obra *In a Different Voice* hace un estudio, entre otros, del lugar que ocupa la mujer en la vida del hombre, y para ello investiga los estudios que sobre este tema han hecho otros investigadores como Janet Lever (*Sex Difference in the Games Children Play*, 1976). Gilligan dice del estudio de Lever: "Lever implies that, given the realities of adult life, if a girl does not want to be left dependent on men, she will have to learn to play like a boy" (10). (Lever implica que dadas las realidades de la vida adulta, si una chica no quiere depender de los hombres, ella tendrá que aprender a jugar como un chico). Por lo que Gilligan está de acuerdo con este estudio de Lever y nosotros, aquí, también. Ya que, para que Matía no se sienta continuamente dependiente de Borja y de los chicos, en general, tiene que aprender a "jugar" como un chico. Matía necesita actuar igual que Borja, ser dominante y no dejarse dominar, ser autoritaria y no dejarse mandar. Así, al menos durante su infancia, puede sentirse en algunos momentos igual a los chicos; sin embargo, al comienzo de su adolescencia, el comportamiento de Matía cambia, ya no tiene tanto interés en jugar con y como un chico, sino que aparecen otros sentimientos en su vida y empieza a tener otro tipo de interés por otra persona. Eso será lo que en definitiva hará Matía más tarde, independizarse de la amistad forzosa de su primo Borja para encontrar su propia y única amistad con Manuel.

> Matía, dolida por el desterramiento al que la obligan Borja y sus amigos, se hace amiga de Manuel, y deja de ir con Borja. Esta es su forma de rebeldía contra la dictadura machista de Borja y los suyos; y es también su manera de independizarse de la compañia forzosa, obligada por la abuela, de su primo Borja: "No quiero ser de los vuestros, dije. Tengo mis amigos."
> (153)

De esta manera, Matía se siente por fín independiente y libre de la autoridad de Borja y de su abuela. Por fin, hace lo que quiere, a despecho de lo que piensen los demás.

Matía es el personaje rebelde de la novela junto al personaje de Jorge Son Major, que también se rebeló en su día contra las normas establecidas por la sociedad, y que todavía ahora es un ser diferente a los demás, y es rechazado socialmente; lo que hará que Matía lo admire por ello, al sentirse identificada con él, en ese aspecto.

Matía, hablando sobre la vida pasada de Jorge de Son Major, comenta que tal vez él también escapaba como ella de los demás, en general: "las islas griegas a donde iba Jorge de Son Major, en su desaparecido *Delfín,* escapando, tal vez (¿por qué no como yo?) de los hombres y de las mujeres, del atroz mundo que tanto temía" (115).

Matía simpatiza con Jorge de Son Major por su rebeldía y su gran independencia, algo que a ella le gustaría mucho tener, y no puede. Y también simpatiza con Manuel, hijo natural de Jorge Son Major, por ser un chico sensible, bueno y por tratar a Matía con justicia e igualdad.

Por esta razón, Matía reacciona también con rebeldía contra toda su familia y la gente de la isla, por lo que la gente ha hecho a Sa Malene, la madre de Manuel. Sa Malene ha sido atacada por las mujeres del pueblo y le han rapado la cabeza al cero. Esto era una acción común durante la guerra, en la que se rapaba a las mujeres que se consideraban de mala vida o deshonra (Sa Malene había tenido relación carnal con Jorge de Son Major sin estar casada); y también a las mujeres que iban en contra del poder nacionalista (el marido de Sa Malene era republicano y lo mataron los nacionalistas), para darles así una lección. Matía aborrecía lo que la gente de la isla había hecho a la familia de Manuel. Ella no comprendía, ni quería comprender, las razones políticas y morales por las que se regía la gente de la isla. Y le parecía una injusticia tremenda que alguien hiciera algo tan bárbaro a los padres de Manuel:

> Me parece muy mal lo que os han hecho, lo que están haciendo en este pueblo, y todos los que viven en él, cobardes y asquerosos … Asquerosos hasta vomitar. Les odio. ¡Odio a todo el mundo de aquí, de esta isla entera, menos a tí! (135)

Matía, aquí, odia a todos menos a Manuel, al que considera honesto y puro, a pesar de lo que le ha tocado vivir.

No obstante, al final de la novela Matía, a pesar de intentar ayudar a Manuel, yendo a buscar al verdadero padre de éste, Jorge de Son

"LA MADRE AUSENTE EN LA NOVELA FEMENINA
DE LA POSGUERRA ESPAÑOLA: PÉRDIDA Y LIBERACIÓN".

137

Mayor, para que ayude a Manuel, o contándole la verdad a su tía Emilia para que lo defienda, acabará aceptando con resignación lo que su abuela y la sociedad han decidido para ella. Matía es demasiado joven e impotente para conseguir ahora su independencia, por lo que la sacrificará para poder sobrevivir, con la esperanza de que logrará su independencia de esa familia tan patriarcal, en un futuro no muy lejano. María del Carmen Riddel dice de *Primera memoria*:

> En *Primera memoria* la protagonista sacrifica su interior para sobrevivir exteriormente. El precio que Matía tiene que pagar para participar del mundo es la represión de un interior que se ha mantenido rebelde y que se revela y se expresa, por fin, en el discurso de la novela …. *Primera memoria* manifiesta la perseverancia de la rebeldía en el personaje. El personaje ha sobrevivido al *rite de passage* que la ha dividido y ahora escribe, desde el mundo adulto al cual pertenece, tal vez buscando por medio de la escritura, la reparación de esa división que el crecimiento le había impuesto. (84-85)

La novela acaba con un final que implica el comienzo de la madurez para Matía y el final de sus sueños infantiles, "No existió la Isla del Nunca Jamás y la Joven Sirena no consiguió un alma inmortal" (243). El muñeco de Matía, Gorogó, ha desaparecido y Matía va a marcharse al colegio sin él. Borja abraza a Matía y llora como un niño pequeño, pero Matía no llora ya. La injusticia que han hecho con Manuel está todavía en el pensamiento de Matía y no los puede perdonar. En estos últimos momentos de la novela, el lector puede imaginar que Matía, cuando llegue a la edad adulta, probablemente se rebele contra ellos del todo y consiga su propia identidad e independencia. Lo que se confirmará, más adelante, con otra novela de Ana María Matute, *La trampa* (1969).

### Identidad e independencia en *Nada*:

> Ignacio Soldevila Durante comenta sobre *Nada* que,
> A través de la visión de una adolescente (Andrea), la autora nos presenta el desmoronamiento de un sector de la pequeña burguesía barcelonesa en los primeros años de la postguerra. Pero el proceso del personaje narrador que descubre esa fealdad miserabilista en contraste con sus recuerdos de autoguerra, es lo que predomina en la novela: la transición de la adolescencia a la edad adulta, la caída de los ídolos del

recuerdo infantil, la transformación de lo crisólido. Por eso al
final de la novela el personaje parte por sus propias alas hacia
un futuro prometedor, dejando reducido a nada todo cuanto
queda atrás. (123-24)

En efecto, Andrea (la protagonista de *Nada*) llega a Barcelona llena
de ilusiones de independencia, libertad y aventura:"Era la primera
vez que viajaba sola, pero no estaba asustada; por el contrario, me
parecía una aventura agradable y excitante aquella profunda libertad
en la noche." (*Nada* 11). Pero en seguida se dará cuenta de que allí,
viviendo con su deprimente y opresiva familia materna, no encontrará
nunca esa independencia e identidad propia que le habían hecho ir a
la gran ciudad, Barcelona. Muy pronto verá que ella es muy diferente
de los demás miembros de la familia; y que lo que a ella le ha hecho
ir a Barcelona, es muy distinto de lo que les hizo ir allí a sus abuelos
(que fueron a Barcelona como inmigrantes desde otra región de la
península), y de lo que hacen allí ahora sus tíos.

El abuelo había muerto ya, y ahora la abuela sólo sobrevivía lo que
podía con las circunstancias de la posguerra española y a pesar de los
problemas que ésta había traido a los miembros de su familia. Sus hijos
varones Román y Juan, antiguos republicanos, vivían o malvivían allí
con ella en el hogar familiar, llenos de rencor y odio. Su hija Angustias
no se había casado, y era la única de la familia que tenía un trabajo
fuera de casa; por lo que ella era la que llevaba las riendas de la casa,
a pesar del malestar y de los impedimentos que sus hermanos varones
ponían en ello. Con la llegada de Andrea a la casa, tía Angustias es la
que se hace cargo de ella, sin consultar a nadie, y ahí empiezan los
problemas.

Tía Angustias quiere controlar totalmente la vida de Andrea y esto
provoca en Andrea agobio y deseos de libertad y rebeldía. "Estaba
además desesperada porque me había dicho que no podría moverme
sin su voluntad. Y la juzgaba, sin ninguna compasión, corta de luces
y autoritaria … Creo que pensé que tal vez no me iba a resultar
desagradable disgustarla un poco" (27-28). Y así lo hace, cada vez que
puede. Andrea se rebela contra su tía Angustias haciendo lo que ésta
no quiere que haga, como irse con su tía Gloria. "Vienes, Andrea - Tía
Angustias tenía la cara entre las manos. Sentía su mirada a través de los
dedos entreabiertos. Una mirada ansiosa, seca de tanta súplica. Pero yo
me levantaba" (35).

Otra forma de rebeldía de Andrea ocurre ya antes de que fuera
a Barcelona, cuando vivía en el pueblo con su prima Isabel, que
ejercía de tutora; y así se lo cuenta Andrea a su tío Román: "Pues no

"LA MADRE AUSENTE EN LA NOVELA FEMENINA
DE LA POSGUERRA ESPAÑOLA: PÉRDIDA Y LIBERACIÓN".

139

me gusta fumar. En el pueblo lo hacía expresamente para molestar a Isabel, sin ningún otro motivo. Para escandalizarla, para que me dejara venir a Barcelona, por imposible" (40). De este modo, Andrea ya muestra rebeldía contra la autoridad incluso antes de estar bajo la tutela de su tía Angustias. Ambas tutoras, Isabel en el pueblo y Angustias en la ciudad, representan para Andrea la madre suplente que quiere imponer su autoridad al no haber una madre natural. La ausencia de la madre verdadera aquí es pues un hecho importante, ya que Andrea no acepta que ninguna de estas mujeres, aunque sean de su propia familia, tan autoritarias y patriarcales, sustituya a su propia madre muerta. La rebeldía de Andrea hacia estas autoritarias madres-suplentes es automática. Andrea no parece querer darles ni siquiera una oportunidad de confianza y cariño. Ella sólo hace con ellas lo que piensa que puede molestarlas, es como si quisiera vengarse de que estas mujeres, tan distintas a la madre de Andrea, hayan tenido la osadía de querer ser como ella. Algo que Andrea no quiere consistir, pues dañarían la idolatrada imagen que Andrea tiene de su propia madre muerta, la cual se rebeló en su día contra su propia familia también al casarse por amor con un hombre que no era aceptado por la familia de la madre de Andrea. Andrea admira e idolatra a su madre muerta, y le resulta muy difícil encontrar a alguien que pueda sustituirla ahora en su vida.

Cuando la tía Angustias obligaba a Andrea a salir a pasear con ella por las calles de la ciudad, Andrea sólo quería desaparecer y no ir con ella, aunque a veces optaba por aceptar con vergüenza y resignación lo que le pedía su tía.

> Otras veces me avergonzaba secretamente al obligarme a salir con ella .... Yo no concebía entonces más resistencia que la pasiva .... Eres muy salvaje y muy provinciana, hija mía, decía Angustias con cierta complaciencia. Estás en medio de la gente, callada, encogida, con aire de querer escapar a cada instante. (33)

La ciudad de Barcelona y sus calles son el lugar de libertad e independencia para Andrea: "Si algo experimenta la joven al llegar a Barcelona son las ganas de aventura y de exploración de la ciudad mediante paseos sin rumbo fijo, y esto es precisamente lo primero que se le niega" (Rodríguez 25). Pues, la tía Angustias considera que la calle está llena de peligros para una mujer decente, y por eso no quiere que Andrea salga sola a la calle, excepto para ir a las clases de la universidad. "Si yo no me ocupara de tí para todo, tú en

Barcelona encontrarías multitud de peligros. Por lo tanto, quiero decirte que no te dejaré dar un paso sin mi permiso" (*Nada* 26). Andrea tiene en tía Angustias a esa madre-sustituta dominante y autoritaria que no le da ninguna libertad, y de la que ya había tenido que huir en el pasado; pues cuando vivía Andrea con su prima Isabel, antes de ir a Barcelona, ya tuvo que enfrentarse a ella para que la dejara ir a Barcelona a estudiar, a lo que parece que Isabel se oponía frenéticamente: "Recordaba la lucha sorda que tuve durante dos años con mi prima Isabel, para que al fin me permitiera marchar de su lado y seguir una carrera universitaria" (112). Isabel era también una de las típicas figuras femeninas del franquismo que rechazaban que la mujer estudiase, para que osase querer equipararse al hombre; pero obviamente no tan intransigente como la tía Angustias. Andrea quería estudiar, a pesar de todo, y le costó muchísimo trabajo, rebeldía y discusiones conseguir que Isabel la dejarse desarrollarse intelectualmente. De este modo, conocemos que Andrea ya era una muchacha rebelde antes de llegar a Barcelona. Andrea se rebeló ya en su día con su madre-sustituta de entonces, su prima Isabel. Y así ahora, en Barcelona, la rebeldía y ansias de independencia de Andrea siguen con su tía Angustias, quien es ahora la que se pone en medio del camino de Andrea de conseguir esa independencia.

Como indica María del Pilar Rodríguez, citando a M. Jones, sobre la rebeldía de Andrea en *Nada*, "en 1979, Margaret Jones aludió al espíritu de protesta y de rebeldía de este texto, expresado a través de la insatisfacción, el resentimiento y la alienación con respecto a la realidad social" (22). Efectivamente, Andrea está insatisfecha, resentida y se muestra alienada ante la sociedad patriarcal y fascista que le rodea. En su casa, bajo la autoridad y dominio de su tía Angustias, y fuera de casa, ante algunas de las amistades que la rodean, como su amigo Pons y la familia de éste:"Casi tenía ganas de llorar, pues en nada se parecía este sentimiento a la radiante sensación que yo había esperado. Ganas de llorar de impaciencia y de rabia ... " (227). La familia de Pons era otra representación de la realidad social de la época en que las mujeres, especialmente de la clase social media y alta, sólo tienen como futuro el esperar casarse con un "buen partido," con alguien que pueda mantenerlas bien el resto de sus vidas, y con quien tener hijos. Andrea, por su condición social más baja, y por sus ideas de independencia, diferentes a las de las chicas que están en la fiesta de Pons, sólo se siente aún más alienada entre aquellas personas, y por eso se va de allí. Andrea huye de ese mundo machista que, para ella, sólo significa aún más dominio del hombre sobre la mujer.

"LA MADRE AUSENTE EN LA NOVELA FEMENINA
DE LA POSGUERRA ESPAÑOLA: PÉRDIDA Y LIBERACIÓN".

141

En su deseo de independencia, acelerado en gran parte por la frustración de no encontrar un lazo materno o fraterno en su familia, tener una habitación propia y separada de los demás miembros de la familia es importante para Andrea. Así pues, cuando Angustias se marcha de casa, Andrea aprovecha la oportunidad de mudarse al cuarto de aquélla, sin pedir permiso a nadie: "Aquel cuarto era duro como el cuerpo de Angustias, pero más limpio y más independiente que ninguno de la casa. Me repelía instintivamente y a la vez atraía a mi deseo de comodidad" (86). Por fin tenía un cuarto propio, aunque le recordase a la repulsiva y autoritaria tía Angustias.

Otro momento de rebeldía y deseos de independencia para Andrea es cuando decide confrontar a su tía Angustias:

> Cuando me desperté del todo, sentada en el borde de la cama, me encontré en uno de mis períodos de rebeldía contra Angustias; el más fuerte de todos. Súbitamente me dí cuenta de que no la iba a poder sufrir más. De que no la iba a obedecer más, después de aquellos días de completa libertad que había gozado en su ausencia. (102)

Andrea había conocido ya la libertad y la independencia, en cierta manera, fuera del dominio de su autoritaria tía, por lo que ahora no está dispuesta a volver al pasado y perder todos sus nuevos "derechos" en la casa.

Este momento de rebeldía y de independencia es como una analogía a la situación política vivida por las mujeres en España antes y después de la Guerra Civil. Antes de empezar la guerra civil, las mujeres españolas vivían con más derechos que después de la guerra, pues el gobierno de la Segunda República, que terminó con el golpe de estado de 1936, les había concedido estos derechos: "La Constitución Republicana (9 diciembre 1931) fue una pieza importante para el avance de las aspiraciones femeninas … igualdad de sexos y derechos, prohibición de la descriminación laboral, protección del trabajo de las mujeres, seguro de maternidad, derecho de voto … el divorcio" (Díez 26). Después de la Guerra Civil y con el régimen fascista al mando, las mujeres perdieron muchos de esos derechos de igualdad e independencia con el hombre; por lo que muchas de ellas no quisieron aceptar esa pérdida de libertades. Andrea después de conocer un poco la libertad e independencia en la casa de su abuela, ahora, con la vuelta de Angustias que quiere volver a tener las cosas como antes, la libertad e independencia de Andrea corren peligro, y ésta quiere defenderlas. A lo que Angustias responderá negativamente, pues para ella esas ansias de independencia son sólo signo de antipatriotismo y de clase social muy baja: "Parece que hayas vivido suelta en zona roja y no en un convento de monjas durante la guerra. Aun Gloria tiene más disculpas que tú en sus ansias de emancipación y desorden. Ella es una golfilla de la calle, mientras que tú has recibido una educación" (106). Estos signos de independencia, para Angustias, son típicos de las mujeres de ideas izquierdistas, como las que estaban en favor de la República y en contra del nacionalismo de Franco; y también, para ella, las mujeres de clase social muy baja como Gloria, que no han recibido una buena educación, tienen esas ansias de independencia y desorden, porque no han sido bien educadas; y por lo tanto, no saben lo que es bueno para ellas.

El primer momento real en que Andrea se siente verdaderamente independiente, en la novela, es cuando al marcharse Angustias, Andrea se hace cargo del dinero que recibe de su orfandad y lo gasta de la manera que quiere. Por fin se independiza en mayor grado de la familia con quien vive, pero no del todo. "La verdad es que me sentía más feliz desde que estaba desligada de aquel nudo de las comidas en la casa …. Descubrí en la calle de Tallers un restaurante barato y cometí la locura de comer allí dos o tres veces …. Yo salía de allí satisfecha y no me hacía falta más" (129). Andrea gastaba ahora su dinero en lo que quería y en la comida que le apetecía, lo que a veces le llevaba a gastar todo su dinero mensual antes de que terminase el mes, y después de unos días de comer bien y feliz, tenía que pasar penurias alimenticias, excepto los días que iba a estudiar a casa de su amiga Ena, y la madre de ésta la invitaba a quedarse a cenar allí: "Pensé que realmente estaba comenzando para mí un nuevo renacer, que era aquella la época más feliz de mi vida, ya que nunca había tenido una amiga con quien me compenetrara tanto, ni esta magnífica independencia de que disfrutaba" (130). De este modo y aunque padecía muchas veces hambre por no saber economizarse bien, Andrea se siente feliz por primera vez, pues está disfrutando de libertad y de independencia por primera vez en su vida.

En otras ocasiones, cuando Andrea desea huir de la casa familiar y trata de encontrar otro lugar en el que sentirse más segura e independiente, como pensaba que sería con Pons, a quien incluso había empezado a apreciar: "Faltaban tres días para la fiesta de Pons. El alma me latía en la impaciencia de huir. Casi me parecía querer a mi amigo al pensar que él me iba a ayudar a realizar este anhelo desesperado" (219). Pero Andrea acaba frustrada y siente un gran pesimismo al decepcionarse de Pons y la familia de éste: "Unos seres nacen para vivir, otros para trabajar, otros para mirar la vida. Yo tenía

"LA MADRE AUSENTE EN LA NOVELA FEMENINA
DE LA POSGUERRA ESPAÑOLA: PÉRDIDA Y LIBERACIÓN".

143

un pequeño y ruín papel de espectadora. Imposible salirme de él. Imposible liberarme. Una tremenda congoja fué para mí lo único real en aquellos momentos" (233).

En aquellos momentos, el personaje de Andrea sentía la angustia que la naturaleza incierta del destino humano provocaba en ella. Sentimientos de angustia por un futuro incierto, que eran típicos del existencialismo que se sentía en España durante la posguerra. Esta angustia existencial provocaba diferentes reacciones en los personajes de autores de la posguerra, como las tres escritoras mencionadas aquí, y en los personajes de *Nada* (la obra más existencialista de las tres estudiadas aquí), la reacción a esa angustia acaba en suicidio por parte del tío Román, que no supo encontrar otra salida a la angustia existencial de su vida. Mientras que, por otra parte, el personaje de Andrea, sí acaba encontrando una salida a su angustiada y atormentada existencia; y la encontrará gracias a la ayuda de su amiga Ena.

Después de la muerte de Román, Andrea se da cuenta de que cada vez está más sola y que tiene pocas esperanzas de cambiar de tipo de vida y de conseguir la libertad y la independencia deseadas; pero un día recibe una carta de su amiga Ena que cambiaría el rumbo de su vida (305). "Hay trabajo para tí en el despacho de mi padre, Andrea. Te permitirá vivir independiente y además asistir a las clases de la universidad. Por el momento vivirás en casa, pero luego podrás escoger a tu gusto tu domicilio, ya que no se trata de secuestrarte" (307-08). De este modo, Ena, la amiga de Andrea, será la que le proporcionará el camino hacia su independencia y hacia el encuentro de su propia identidad.

> At the end of the year in Barcelona, Andrea thinks nothing has happened to her during that year, but in fact her more mature view of life, reflected in the greater wisdom of the narrator's perspective, has been achieved in part throught these indirect encounters with recent political events. (Manteiga 47)

> (Al final del año en Barcelona, Andrea piensa que nada le ha pasado a ella durante ese año; pero en realidad su madurez con respecto a la vida, reflejada en la perspectiva de la sabia narradora, ha sido alcanzada en parte a través de esos encuentros con los recientes acontecimientos políticos).

El año en Barcelona sí que ha sido importante para Andrea, aunque ella no lo note, pues ha madurado y ha conseguido la independencia, a pesar de los impedimentos familiares y sociales de la época, gracias a su actitud rebelde contra la sociedad patriarcal y androcéntrica del franquismo de la posguerra. Su rebeldía al no querer aceptar a una madre-sustituta como las que sugería el franquismo, y tan distinta a su madre ausente, ayudó a Andrea a conseguir ser diferente a las figuras femeninas del franquismo, encontrando su propia identidad y su independencia.

**Identidad e independencia en *Entre visillos*:**
   Según María Jesús Mayans:

> La obra de la narrativa que así enfrenta a la juventud española con el orden social, *Entre visillos* (1958) de Carmen Martín Gaite, es desde el punto de vista antropológico una relación expositiva de significados y efectos revelados en la línea conceptual expresa en la socio-enculturación de los personajes femeninos. (160-61)

Los personajes femeninos de esta novela representan, efectivamente, el contexto histórico-social y cultural de la posguerra española, en donde las mujeres tienen un futuro muy limitado y totalmente dependiente del hombre. Las mujeres representadas aquí tienen prácticamente sólo tres salidas en la vida: se casan y tienen hijos (como lo hará Gertru), se quedan solteras viviendo en la casa paterna (como Mercedes), viven en un convento haciéndose monjas, o siguen estudiando con la esperanza de encontrar un trabajo, dentro de los límites mandados por el gobierno, para tener una cierta estabilidad y ayudar a la economía familiar (como quiere hacer Alicia). Los personajes femeninos que no quieren tomar una de esas tres salidas, son rechazados por la sociedad e incluso por sus familias, a veces. Julia se quiere casar pero salir de la casa paterna antes de casarse, y esto no está bien visto. Rosa, la animadora del casino, es soltera pero, en vez de vivir en la casa paterna, vive independientemente en una pensión, lo que se considera mal visto también. Y finalmente, Natalia quiere estudiar en la universidad, pero no en la ciudad en donde vive, para estudiar una carrera media de maestra, enfermera o de oposiciones a la Renfe o Correos, sino que quiere irse a la gran ciudad Madrid, para elegir la carrera que a ella le gusta y ser más independiente. Sin embargo, ésto no es del buen grado del padre de Natalia ni de su tía Concha.

"LA MADRE AUSENTE EN LA NOVELA FEMENINA
DE LA POSGUERRA ESPAÑOLA: PÉRDIDA Y LIBERACIÓN".

145

> El trabajo femenino ...., cuenta con la reprobación de los
> subgrupos transmisores de las costumbres en vigor. Ello se
> manifiesta en la negativa actitud de los mayores hacia las
> jóvenes que aspiran a una carrera, la problemática que éstas
> enfrentan, y el menosprecio que sufre la mujer que ejerce un
> oficio. (Mayans 170)

Efectivamente, las tres grandes entidades de la época en España, el
Gobierno, la Iglesia y la Sección Femenina, consideraban que la mujer
no debía trabajar fuera de casa, una vez casada. Las mujeres de clase
social baja no tienen más remedio que hacerlo, como el personaje
de Alicia y su madrastra que tiene una peluquería en casa; pero las
mujeres de clase media y alta, se espera de ellas que no trabajen, pues
sus padres las pueden mantener mientras son solteras, y sus maridos
después de casadas. Así estas mujeres se dedicarán únicamente a
cuidar de sus maridos, hijos y casa, y de acuerdo con las moralidades
de la iglesia católica y del gobierno fascista. Sin embargo, las mujeres
que, a pesar de no necesitarlo, deciden estudiar y trabajar fuera de
casa, se espera de ellas que elijan una profesión secundaria al hombre,
(secretarias, enfermeras, etc.), y que una vez casadas dejen de trabajar.
El personaje de Natalia rechaza esas expectaciones que las grandes
entidades de la época tienen para ella, como mujer; y por eso se la
considera una "salvaje" y "rebelde," a veces, por su tía Concha, su padre
e incluso por su hermana mayor Mercedes. Natalia no quiere ser como
la gran mayoría de las muchachas de su edad, que ella conoce, sino
que prefiere encontrar su propia identidad y su propia independencia
del hombre.

Natalia se rebelará contra su padre y su tía Concha, enfrentándose
a aquél verbalmente y a ésta físicamente, ignorándola de lo que le dice.
Natalia finalmente se atreve a hablar con su padre de la injusta manera
con que la tía Concha las educa a ella y a sus hermanas mayores: "Tenía
un nudo en la garganta mirando a papá que se comía en silencio
las patatas .... Me lo sentía más lejos que nunca y me parecía poder
hablarle, pero estaba segura de que me iba a atrever" (*Entre visillos*
232). Y finalmente empezó a hablarle:

> la tía Concha nos quiere convertir en unas estúpidas, que
> sólo nos educa para tener un novio rico, y que seamos lo más
> retrasadas posible en todo .... Papá, le he dicho, tú, antes no
> eras así, te vuelves como la tía, te tenemos miedo y nos estás

lejos como la tía .... Pídeme lo que quieras, me ha dicho. Pero no me vuelvas a hablar así. (232-33).

Joan Lipman Brown considera también que el personaje de Natalia en *Entre visillos* es el único personaje femenino de la novela que trata de buscar su propia identidad y su independencia:

> Of all the characters in the novel, only Natalia shows promise of formulating and expressing her own ambitions: among the many women who populate *Entre visillos*, only she aspires to what Carolyn Heilbrun has termed a "quest" plot in her life. Natalia's challenge takes the form of rebellion against the trivialities of the circumscribed lives of her sisters. She resists the restrictions which she senses both psychologically and even, through metaphors of asphyxiation, physically,

> "Si tengo que ser una mujer resignada y razonable", she informs her father, "prefiero no vivir" (p.233) .... Her non-conformity is such that academic studies engross and exhilarate her, while male social intercourse baffles and bores her. (88-89)

> (De todos los personajes de la novela, sólo Natalia parece formular y expresar sus ambiciones: entre tantas mujeres que aparecen en *Entre visillos*, sólo ella aspira a lo que Carolyn Heilbrun ha llamado una trama de "indagación" en su vida. El reto de Natalia toma la forma de rebelión contra las trivialidades de las vidas circunscritas de sus hermanas. Ella resiste las restricciones que ella percibe psicológicamente equilibradas, a través de metáforas de asfixia, físicamente .... ella le dice a su padre .... Su inconformismo es de tal manera que sus estudios académicos la absuerben y la estimulan, mientras que el trato social con los hombres la desconcierta y la aburre).

Esta búsqueda de identidad propia de Natalia, según Brown, convierte a Natalia en una rebelde en comparación con sus dos hermanas mayores que aceptan, en cierto modo, lo que se espera de ellas en la vida (aunque Julia acabará marchándose a Madrid sin el consentimiento de su padre; pero, por otro lado, se casará también con su novio Miguel que es otro personaje patriarcal). Natalia se resiste a las restricciones psicológicas y físicas que siente, y por eso le dice a su padre que prefiere morir a ser una mujer resignada. Ella no quiere ser como sus hermanas y sus amigas.

> De aquí que la imagen de esta joven sea la del personaje reinvidicatorio, solitario que, al no encontrar satisfechas sus propias necesidades se aísla buscando en sí misma la independencia y la libertad que percibe afectada por los convencionalismos que rigen la vida dentro de la estructura de la sociedad. (Mayans 186)

Natalia quiere ser independiente y "salvaje," si es necesario; pues eso es lo que la hace feliz, como cuando era una niña y vivía en el campo con su padre. "Antes, de pequeña, papá, cuando cazábamos en Valdespino, ¿te acuerdas? A tí te gustaba que fuera salvaje, que no respetara ninguna cosa. Te gustaba que protestara, decías que te recordaba a mamá" (*Entre visillos* 233-34). De este modo, la personalidad de Natalia cuando era pequeña, salvaje y protestona, era del agrado de su padre, a quién le recordaba a su mujer, la madre de Natalia; y Natalia quería seguir siendo así, igual que su madre y del agrado de su padre.

La madre ausente de Natalia era, al parecer, una mujer rebelde y contraria a los cánones de mujer establecidos por el régimen. Natalia admira esa cualidad de su madre, que es incluso admirada por el padre, y por eso no quiere cambiar. Por esta razón, Natalia probablemente nunca se habría rebelado contra su madre, si ésta viviera. Sin embargo, no es así, la madre de Natalia está ausente, y Natalia se ve ahora obligada a cambiar, a ser diferente de cuando era niña. Natalia no quiere crecer, para poder seguir siendo rebelde como su madre, y ser aceptada por su padre; así como, para poder seguir siendo libre como cuando era niña, en el pueblo.

Sin embargo, ahora Natalia, adolescente y rebelde, ya no es aceptada por su padre como cuando ella era una niña; por lo que ella lo rechaza a él también, por su actitud patriarcal y dominante. Su padre quiere que ella sea como sus hermanas mayores y que siga las normas político-sociales y culturales de la época, por lo que asigna a Natalia una madre-sustituta, que es la tía Concha, y que representa perfectamente todas las normas impuestas por las tres grandes entidades de la época. Pero Natalia la rechaza. Natalia no acepta esa madre-sustituta, porque su tía Concha no es como el modelo ideal de madre que ella quiere ser y modelar, que fue su madre ausente, o eso al menos cree ella. Natalia se rebelará y tratará de buscar su propia identidad e independencia, a expensas de las opiniones y actitudes patriarcales y autoritarias de su padre y de su madre-sustituta, tía Concha.

Algunos de los otros personajes de la novela también intentarán, dentro de cada circunstancia, poder ir en busca de su identidad propia e independencia. Pero no tanto como Natalia. Julia, la hermana mediana de Natalia, quiere casarse con su novio Miguel que vive en Madrid, pero su padre no le deja. Miguel le pide que se vaya a vivir a Madrid con unos familiares y así podrán verse más a menudo, hasta que se puedan casar; pero Julia temerosa de la reacción de su padre no se atreve a decírselo, y le pide consejo a su hermana pequeña, Natalia: "¿Qué hago, dime tú, qué hago? La tía y Mercedes también están en contra mía … Tengo veintisiete años, Tali. Me voy a casar con él. ¿Verdad que no es tan horrible como me lo quieren poner todos?" Y Natalia le responde: " Me parece maravilloso que te quieras ir. Te tengo envidia. Ya verás cómo se arregla" (74).

Natalia será pues, no sólo el personaje femenino más independiente, por excelencia; sino que será también el personaje femenino en quién otros personajes femeninos busquen consejo para conseguir esa independencia, aunque sea limitada, y para que les apoyen.

Elvira, amiga de las hermanas mayores de Natalia, ve a ésta como a alguien en quién compartir sus conflictos internos de deseos de independencia; y por eso la invita a que vaya a visitarla. Elvira sabe que Natalia habla mucho con Pablo Klein, profesor de Natalia, y, en cierto modo, amor platónico de Elvira; y por eso siente como una gran conexión con ella.

Cuando se encuentran las dos, en la visita al cementerio, Elvira, inmediatamente muestra un interés por hablar con Natalia:

> De manera que tú eres la pequeña, la que va al Instituto, me
> dijo, cuando echamos a andar todos hacia la salida. Sí. Se
> había puesto a mi lado y me pasó la mano por la espalda. Yo
> también he estudiado allí. Si vienes un día por casa, te puedo
> dar libros y apuntes que a lo mejor te sirven. (183)

Natalia no entendió en ese momento el interés de Elvira es hacerse amiga suya, pues la veía mayor que ella y con pocas cosas en común; sin embargo, cuando un día, acompañando a su hermana Julia, va a ver a Elvira, se la encuentra en la tumbada en la cama y recogiendo unos papeles escritos que para Natalia parecían un diario. En aquel momento Natalia sintió un poco de simpatía por Elvira, al entender que a Elvira también le gustaba escribir un diario como a ella. "Me

"LA MADRE AUSENTE EN LA NOVELA FEMENINA
DE LA POSGUERRA ESPAÑOLA: PÉRDIDA Y LIBERACIÓN".

149

parece que se sobrecogió al oír que pedía Julia permiso para entrar, y se puso a recoger unos papeles que tenía en la mesilla de noche, como yo cuando hago el diario. A lo mejor hace diario ella también" (238). Elvira es, pues, similar a Natalia en que también se siente un poco diferente y aislada de la sociedad; y en que parece tener deseos de buscar su propia identidad, aunque no lo consiga.

Elvira, como signo de rebeldía e independencia, no se quiere comprometer seriamente con su amigo Emilio; pues si lo hace, automáticamente tiene que seguir las reglas sociales del noviazgo oficial, y por lo tanto, tiene que privarse aún más de la poca libertad que tiene ahora. Unirse a un hombre, en la posguerra, significa perder totalmente la identidad, para pasar a ser su fiel servidora, como manda la santa madre iglesia y el resto de las intituciones políticas de la época. Por esta razón, y por no tener muy claros sus sentimientos, Elvira trata de retrasar todo lo posible su compromiso con Emilio:

> Elvira, dime, ¿somos novios? ¿verdad que somos novios? Ella se soltó de sus manos; miró a todas partes, de pronto, como si despertara. No lo eches a perder todo, por favor, no digas esa palabra. Pero nos casaremos, dijo Emilio, nos casaremos, nos tenemos que casar, cuando sea, eso sí. Tú lo sabes igual que yo. Dime lo que quieres que haga. Será mejor que no vuelvas en algún tiempo, dijo Elvira con una voz delgada y opaca. Pon un pretexto cualquiera. (127-28)

No obstante, al final acabará aceptando a Emilio como novio y se casará con él.

Natalia, principalmente, junto a Elvira, Rosa y Julia, en menor grado, son las únicas de las mujeres de la novela que expresan deseos de independencia y de encontrar su propia identidad. En sus vidas cotidianas tienen que enfrentarse con gente y situaciones que rechazan sus ideas de emancipación e independencia; por lo que tendrán que refugiarse en personas y en lugares en donde puedan desarrollar libremente sus ideas de rebeldía contra esa sociedad autoritaria y poder sentirse a gusto.

Carmen Alemany Bay en su obra *La novelística de Carmen Martín Gaite* habla del "ojo" que aparece en *Entre visillos,* y al que ella llama "topoi". Estos "topois" son, para ella, "los ojos de la ciudad que observan las reacciones de todos y cada uno de los personajes" (82). Unos de esos ojos o "topois" son el Casino y el instituto, que para Alemany significan "la opresión y la falta de madurez propia de una época" (83). Y otros ojos o "topois" son el río y el cine, que para

Alemany son símbolo de independencia y libertad: " ... aparecen otros que simbolizan la libertad, el poder de la cotidianeidad y dar suelta a sus instintos presionados día a día; estos lugares son: el río y el cine, aunque el primero en mayor medida que el segundo" (83).

Efectivamente el cine y el río, en esta novela, son dos lugares (ojos) que aparecen como los medios más adecuados para la mujer de la época para escaparse de la opresión diaria a la que es sometida por las tres grandes entidades del régimen franquista: el Gobierno, La Iglesia, y la Sección Femenina. La Iglesia Católica de la época es la que censura, más que nadie, el cine para las mujeres. Cuando Julia va a a la iglesia a confesarse le dice al sacerdote que ha ido al cine. El cine está considerado por la iglesia como el incitador al pecado, pues casi todo el cine que se ve en esos años viene del extranjero. Confiesa Julia: "Verá, padre, que algunas veces cuando he ido al cine, me excito y tengo malos sueños .... El cine, siempre el cine, cuántas veces lo mismo. Ahí está el mal consejero, ese dulce veneno que os mata a todas" (*Entre visillos* 82-83). Sin embargo el cine, en realidad, es uno de los pocos medios que tiene la mujer para desarrollar su libertad, aunque sea en sueños. El cine, en donde ven películas románticas por un lado, y mujeres emancipadas por otro, les da un poco de esperanza a las mujeres de posguerra de que algún día, quizás, ellas también puedan ser felices e independientes.

El otro lugar especial u "ojo" que simboliza libertad es el río. Paseando junto al río es cuando Natalia tiene las conversaciones más importantes con Pablo Klein, su profesor de alemán y amigo; y también con su amiga de siempre Gertru: "[...] al lado del río, en el cual siempre da la oportunidad para que los personajes den rienda suelta a sus instintos y que éstos fluyan como el mismo río" (Alemany 83). Otros personajes de la novela, Elvira y Pablo, Julia y Miguel, Pablo y Rosa, también usan al río como lugar de evasión y donde no parecen tener tantas inhibiciones para hablar de sus sentimientos y preocupaciones. El río, que se mueve y avanza, es para estos personajes un lugar agradable en el que pueden imaginar sus vidas también moviéndose hacia delante, avanzando hacia un futuro incierto, pero que se mueve y cambia; por lo que les da un poco de esperanza.

**Conclusión**:

Paul Ilie en su obra *Literatura y exilio interior* observa también, como nosotros, los problemas que el contexto político-social, y la ausencia de la madre de las protagonistas causan, al obstaculizarles la seguridad en sí mismas y su independencia. Y hablando de *Nada* dice:

"LA MADRE AUSENTE EN LA NOVELA FEMENINA
DE LA POSGUERRA ESPAÑOLA: PÉRDIDA Y LIBERACIÓN".

151

> La jerarquía familiar sirve como modelo de estructuras
> autoritarias que se parecen, en otro sitio del paradigma,
> al gobierno político. Los parientes de Andrea -por estar sus
> padres ausentes de modo significativo, como en *Primera
> memoria* de Matute- representan una serie de conductas
> aberrantes .... En cualquier caso, la familia de Andrea carece
> de una legítima figura de autoridad para supervisar su
> maduración .... La edad adulta, Andrea se da cuenta, se basa
> en distintas clases de libertad- la seguridad en sí misma para
> elegir de manera responsable, y la independencia psicológica
> para resistir a la gente dominante- que impone sus exigencias
> emocionales. (257-58)

Efectivamente, las tres protagonistas están pasando por un
período crucial en sus vidas: la adolescencia; y lo están pasando sin la
presencia y ayuda de sus madres. La ausencia de la madre, en la vida
de estas portagonistas, y el contexto político-social y cultural de la
posguerra española, en el que crecían estas niñas-adolescentes y que
limitaba y oprimía a las mujeres, son dos aspectos que obstaculizan la
maduración de estas tres protagonistas; y por lo tanto, tendrán que
ser ellas solas, sin la ayuda de nadie, las que con su esfuerzo y rebeldía
consigan la seguridad en sí mismas que les hace falta para alcanzar su
independencia e identidad propia.

Matía, Natalia y Andrea, protagonistas respectivas de *Primera
memoria, Entre visillos* y *Nada*, son unas jóvenes adolescentes que
crecen sin madre durante la posguerra española, y que no quieren
resignarse a lo que sus madres-sustitutas y la sociedad de la posguerra
(con las tres grandes entidades de la época, el Gobierno, la Iglesia y la
Sección Femenina), espera de ellas, como mujeres; por lo que crecen y
maduran solas, luchando por conseguir sus sueños. Sueños de igualdad
de oportunidades con respecto al hombre, y de independencia
psicológica de éste, que son muy difíciles de conseguir, si no
imposibles, en la época en que les ha tocado vivir; la época patriarcal
y autoritaria de la posguerra española. Algunas de estas protagonistas
consiguen su independencia, como es el caso de Andrea, que al irse
con su amiga Ena y la familia de ésta, consigue la independencia
total de su familia materna y de la autoridad patriarcal de su tía
Angustias y su tío Juan. Natalia, al final de la novela, parece que está
a punto de conseguir también algo de independencia de su padre y
de su madre-sustituta tía Concha, al decidir que continuará estudios
superiores en la universidad, algo que no han hecho sus dos hermanas
mayores, y en una ciudad lejos de la suya. Y por último, Matía, la

más joven de las tres protagonistas estudiadas aquí, no consigue la independencia familiar total, como Andrea, ni la independencia familiar parcial, como Natalia, sino que al ser aún tan joven (sólo tiene catorce años), no tiene más remedio que resignarse y esperar unos años más bajo la patriarcal autoridad de su abuela doña Práxedes, aunque no le guste. Sin embargo, el hecho de que al final de la novela Matía está frustrada e indignada con su familia por hacerle daño a Manuel, hace que los lectores podamos imaginarnos que de mayor Matía probablemente vuelva a rebelarse contra su abuela y su familia e independizarse de todos ellos, física y emocionalmente.

El período de la adolescencia es muy crucial para estas jóvenes protagonistas, pues es el período de su vida en el que empiezan a separarse de los lazos familiares, sean paternos o maternos, para pasar a tener su propia identidad. El contexto histórico-social y cultural de la posguerra complica, en estas jóvenes y por el hecho de ser mujeres, su paso de la infancia al mundo adulto. Estas muchachas no sólo tienen que superar la traumática separación de la protegida y feliz infancia a la complicada y vulnerable adolescencia, sino que, además, lo tienen que hacer a solas. Sus madres están muertas, y sus padres están ausentes o muertos también, teniendo que crecer, durante ese período, junto a otros adultos en quienes no encuentran el apoyo emocional y psicológico que necesitan.

Carol Gilligan hace un estudio de las dificultades psicológicas por las que las mujeres tienen que pasar durante su adolescencia y primera juventud, y entre otras cosas dice:

> In young adulthood, when identity and intimacy converge in dilemmas of conflicting commitment, the relationship between self and other is exposed …. From the different dynamics of separation and attachment in their gender identity formation through the divergence of identity and intimacy that marks their experience in the adolescent years, male and female voices typically speak of the importance of different truths, the former of the role of separation as it defines and empowers the self, the latter of the ongoing process of attachment that creates and sustains the human community. (156)

> (Durante la juventud, cuando la identidad y la intimidad se convierten en dilemas y conflictos, la relación entre uno mismo y otro es expuesta …. Desde las distintas dinámicas de separación y unión en la formación de su identidad de

"LA MADRE AUSENTE EN LA NOVELA FEMENINA
DE LA POSGUERRA ESPAÑOLA: PÉRDIDA Y LIBERACIÓN".

153

género hasta la divergencia de identidad e intimidad que marca su experiencia en los años de la adolescencia, las voces masculinas y femeninas hablan típicamente de la importancia de las diferentes verdades, aquéllas del papel de separación como se define y se autoriza a sí mismo, y ésta del proceso continuo de unión que crea y apoya a la comunidad humana).

Así pues, las adolescentes de estas novelas, entran en varios conflictos y dilemas cuando tratan de formar y tener una identidad propia. Primero tienen que intentar superar el conflicto que encuentran en las diferencias existentes entre hombres y mujeres, durante el período patriarcal, autoritario y de dominio del hombre que es la posguerra española. Las tres protagonistas sienten desde el principio esta gran diferencia social y cultural entre ellas y los hombres que las rodean. Matia, aunque vive con su abuela, es dominada por su primo Borja, con el apoyo de su abuela, por ser él varón. Natalia, que vive con sus hermanas, su tía Concha y su padre, también se da cuenta de esas grandes diferencias sociales y culturales entre hombres y mujeres, cuando ve como sus hermanas y amigas están continuamente bajo la autoridad de los hombres en sus familias o futuros maridos. Y, finalmente, Andrea aunque la autoridad patriarcal la ve más en su tía Angustias, también la ve en su tío Juan a quien incluso le tiene miedo a veces, y en su tío Román, que aunque parezca más liberal, trata también a las mujeres como seres inferiores a él.

De este modo, las mujeres, para poder conseguir su propia identidad, tienen que superar muchos conflictos en su vida y el primero de ellos es poder enfrentarse en sus ideas a los hombres con quienes viven (padres, hermanos, esposos). Después de esto, las mujeres todavía tienen que superar más conflictos en su paso de la niñez a la vida adulta, pues no tienen un modelo ideal de madre que les guíe y apoye en ese proceso tan importante de sus vidas. Algunas de ellas, prefieren seguir siendo niñas (Matía, Natalia), o al menos tardar lo más posible a crecer y a vivir como los adultos que las rodean; por lo que prefieren jugar con muñecos y leer cuentos de hadas.

Otra de las protagonistas, Andrea, no intenta seguir siendo una niña como Matía y Natalia; pero sí que quiere retrasar, lo más posible también, el proceso de la vida adulta de las mujeres (de la posguerra); que en general, se casan pronto y empiezan a tener hijos en seguida, teniendo así poco tiempo y espacio para ellas mismas.

Las tres protagonistas, mientras pasan el período de la adolescencia, van buscando también poder independizarse emocionalmente de la familia autoritaria con quien viven y de la sociedad machista y patriarcal en que les ha tocado vivir. Una independencia psicológica del hombre, en general, y de la autoridad familiar en particular, que es difícil de conseguir; por lo que alguna de ellas, Matía, acabará aceptando su situación y su puesto en su familia-sustituta, hasta que algún día pueda encontrar su independencia de ella. Natalia y Andrea, sin embargo, sí conseguirán esa independencia tan deseada. Andrea al final de la novela se marchará de la casa familiar y empezará otra vida más independiente y con otras personas más tolerantes. Natalia, tendrá que esperar un poco más que Andrea, pero ya sabe que lo hará. Ella se independizará, marchándose a estudiar una carrera universitaria a Madrid, en un año; pues sabe como convencer a su padre, y como ignorar a su tía y hermana mayor. Las jóvenes protagonistas de estas novelas aprenderán a madurar y a sobrevivir en una sociedad política-social y cultural que las degrada y oprime, a pesar de estar su madre ausente y tener que hacerlo solas. La ausencia de sus madres es a la vez una gran pérdida en sus vidas infantiles, y una gran ventaja o liberación en sus vidas adultas; pues el hecho de no tener una madre franquista, como el régimen patriarcal y androcéntrico de la posguerra exigía en las madres, hace que estas protagonistas no se sientan moralmente obligadas a ser y actuar como la mayoría de las mujeres del régimen y de la sección femenina. Estas muchachas no tienen a su propia madre con ellas, sino que tienen otra madre-sustituta en sus vidas que representa a esa figura femenina franquista de la época (una abuela, una tía), pero con la que no tienen un lazo de amor y respeto materno profundo. Por lo que les resulta más fácil rebelarse contra este tipo de mujer con quien no tienen ese lazo profundo, ya que no se rebelan contra la madre que les ha dado la vida; y así no resulta tan inmoral para las protagonistas, ni para las autoras, ni para la sociedad, que exista un enfrentamiento con ellas hasta el punto de no quererlas y de despreciarlas. De este modo, la rebelión contra ellas y la liberación de este tipo de figura femenina es, no solamente aceptable sino que también necesaria. La ausencia de la madre es lo que en definitiva ayuda a estas protagonistas a conseguir su liberación y su independencia.

# CONCLUSION

En la novela española hay una larga tradición de literatura escrita por mujeres y con protagonistas femeninas a lo largo de la historia de la literatura española, y especialmente a partir de la Guerra Civil. Estas protagonistas femeninas, jóvenes mujeres en general, se enfrentan a problemas no solamente propios de su edad y condición de mujer; sino también a otro tipo de problemas causados por el ambiente histórico, social y cultural de su país, España, como es la Guerra Civil española.

Después de la Guerra Civil española, y con la victoria de las fuerzas franquistas, el papel social de la mujer cambió bastante, dando un gran retroceso en el tiempo, y haciendo que las mujeres españolas del siglo XX volvieran a vivir como las del siglo XIX. Desaparecieron las grandes libertades que se habían conseguido con la República pocos años antes, como el divorcio, el matrimonio civil, la educación mixta, el voto de la mujer, el trabajo de la mujer en el sector público y otros derechos comunes al hombre; y la mujer española se quedaba estancada en una sociedad aún más conservadora y machista que antes de la guerra, y que la dominaba y limitaba en todo. Como dice Rodríguez:

> El prólogo de la Ley del 18 de julio de 1939 declaraba: "Es consigna rigurosa de nuestra Revolución elevar y fortalecer la familia en su tradición cristiana, sociedad natural, perfecta, y cimiento de la nación" (Scanlon 320). Los hombres debían recibir un sueldo suficiente para poder mantener a la familia y evitar, de este modo, que la mujer tuviera que trabajar fuera del hogar, "apartándola así de su función suprema e

insustituible que es la de preparar a sus hijos, arma y base de
la Nación en su doble aspecto espiritual y material" (321). El
espacio para la mujer se reducía inequívocamente al hogar,
y para asegurar el cumplimiento apropiado de los principios
del Movimiento, se crearon dos organizaciones femeninas
principales. (41-42)

Estas dos organizaciones femeninas principales de las que habla
Rodríguez eran las de la Acción Católica y la Sección Femenina de la
Falange; y esta última (La Sección Femenina) junto a la Iglesia Católica
y al Gobierno fascista de Franco, eran las tres entidades poderosas del
país durante la posguerra, que tanto quisieron y pudieron controlar
a las mujeres de la época. De este modo, todo lo que la mujer había
adelantado con el gobierno de la II república, lo perdió ahora que
estaban bajo el régimen totalitario y fascista del General Franco,
quedándose así con una gran sensación de impotencia, frustración y
desencanto, como se ha visto reflejado en las obras comentadas aquí de
estas escritoras de la posguerra.

De esta forma, a la luz del devenir histórico-social y cultural
que encompasa la realidad político-económica del país en el
cual la narrativa fermenta, se seleccionaron novelas y cuentos
que revelan […] algunos de los problemas que padecen los
personajes femeninos en años vitales, formativos, dentro del
núcleo familiar, en la institución docente y en la comunidad
en la que se desenvuelven. (Mayans 193)

Es decir, durante esos años de la posguerra de tanto cambio social
y cultural, surgieron grandes narrativas escritas por jóvenes mujeres
españolas que mostraron los grandes problemas de desigualdad social
que las mujeres españolas sufrieron en aquella época, a través de los
personajes de sus novelas, y especialmente de los personajes femeninos.
Laforet, Martín Gaite y Matute son escritoras que usaron gran
parte de sus obras, y en especial estas novelas estudiadas aquí, y sus
personajes principales femeninos, que son huérfanos de madre y/o
padre, para mostrar este desencanto en el que vivían las mujeres
de la posguerra. El vacío que produce la "madre ausente" de las
protagonistas, a las cuales ellas admiran, es un vacío de modelo de
mujer ideal a seguir; pues las autoras rechazaban el modelo de mujer,
esposa obediente y madre abnegada, que la sociedad patriarcal y
androcéntrica de la época en que vivían les exigía.

De esta manera, para estas autoras, es mejor que sus protagonistas no tengan madre. Ser huérfana de madre les daba, en cierto modo, una excusa válida y comprensible para ser diferente y para ser libre. Y de este modo se mostraba, quizás al resto de las mujeres especialmente, que aún así, a pesar de todas esas traumáticas experiencias de la pérdida de la madre y de la represión social, también se puede sobrevivir y liberarse, para llegar a ser y hacer lo que se desea en la vida. Hay que rebelarse ante el padre, el marido, la iglesia y la sociedad, y no conformarse; pues en el conformismo está el sufrimiento, mientras que en la rebelión está la esperanza y la posible salvación. Por esta razón, en estas obras, la ausencia de la madre es una gran pérdida, pero también una gran liberación.

En este estudio, no hemos querido basarnos en una teoría feminista que defienda la existencia de una escritura o estética femenina basada en el hecho biológico de ser mujer, sino en el hecho de haber sido educada como mujer, según los cánones de la sociedad de la época; es decir, se llega a ser mujer a partir de una serie de factores y condicionamientos socio-históricos. En este sentido, hemos estado de acuerdo con los enfoques literarios de críticos como Iris Zavala, Myriam Díaz-Diocaretz, Elizabeth Ordóñez y Mikko Lehtonen, quienes defienden el estudio de una obra literaria desde el punto de vista cultural; es decir, estudiar el texto de la obra unido a su contexto histórico, social y cultural. Y también hemos mostrado algunos acercamientos teóricos sobre los efectos de la ausencia de la madre a través de los estudios de Carol Gilligan, Marianne Hirsch y Nancy Chodorow entre otros, que nos han ayudado a mostrar mejor lo que estas teorías feministas y psicoanalistas han aportado, a nuestro entender, a las tres obras literarias de nuestro estudio.

En definitiva, nuestra lectura feminista de estas obras se ha enmarcado en un enfoque o teoría cultural de los textos, en el que hemos analizado nuestros cuatro temas comunes encontrados en dichas obras y autoras, desvelando los códigos textuales encontrados y estudiando las narrativas empleadas a la luz de su contexto histórico, social y cultural de la posguerra española. Es decir, las autoras que han escrito estas obras durante la posguerra, vivieron la guerra y la posguerra españolas; por lo que obviamente la experiencia personal de sus vidas, en dicho contexto histórico, social y cultural, afecto su representacion de vida de los personajes creados por ellas.

El objetivo principal de este estudio ha sido analizar parte de la obra de las tres escritoras de la posguerra española: Laforet, Martín Gaite y Matute, las cuales comparten una serie de características y temas comunes, que son también compartidos con la narrativa de mujer como constructo social y cultural. Con este análisis hemos querido demostrar cómo la ausencia de la madre es un tema común y esencial en varias de las obras de estas tres escritoras durante la inmediata posguerra, y especialmente en las tres novelas aquí analizadas; y, también cómo estas autoras estudiadas han podido encontrar, en nuestra opinión, que es más conveniente retratar la rebeldía de sus protagonistas femeninas contra la madre-sustituta que contra la propia madre, dada la idealización que se tiene de la madre, en España, en esta época, y a causa del inconformismo que sentían estas escritoras, y muchísimas más mujeres de la posguerra española, ante el gobierno patriarcal y androcéntrico del franquismo.

Así pues, concluimos que la estrategia narrativa que estas autoras intentan presentar en estas tres obras es el concepto de la "hija" que no quiere seguir los pasos de su madre; es decir, "la hija" rechaza el tipo de vida que se espera que tenga como típica mujer de la posguerra, y bajo un régimen político autoritario y patriarcal. Y la manera en que estas autoras han rechazado ese tipo de vida para la mujer ha sido presentando una joven mujer protagonista rebelde, inquieta, preocupada que se rebela contra lo que su madre-sustituta quiere para ella. Una madre-sustituta que es presentada como negativa e incluso odiosa, frente a la madre real que está muerta, "ausente," y que es presentada como ideal, a pesar de haber vivido en una sociedad patriarcal como la de la posguerra española.

La posguerra española ha destacado por tener un régimen político autoritario y dictatorial, así como una presión religiosa extrema, y ambas entidades están en desfavor de la mujer con respecto al hombre. El contexto político, social y cultural, de los textos estudiados aquí, no se puede separar del texto aunque quisiéramos y hay que estudiarlo junto al texto, como indican algunos de los críticos mencionados anteriormente como Lehtonen, Díaz-Diocaretz, Ordoñez y Riddel, entre otros, y con las cuales estamos totalmente de acuerdo. Es decir, el lector/a no puede evitar reconocer la situación política, social y económica en que vivían los diferentes personajes femeninos y masculinos de las obras de la posguerra española estudiadas aquí, aunque no conozca de antemano la historia de España; pues, este contexto social y cultural está en cada uno de los personajes y de las situaciones de la historia de la novela. El autor/a aporta siempre en sus obras un contexto que afectará lógicamente a su manera de escribir, a causa de sus vivencias personales, su lugar de origen, la época en la que vive y muchas más características del contexto en el texto.

La sociedad española de la posguerra estaba basada en los mandatos del Gobierno fascista y de la Iglesia católica, y de todos los organismos conectados con estas dos grandes entidades, como la Sección Femenina de la Falange, que era parte del Gobierno, y de la Acción Católica, que era parte de la Iglesia:

> La Sección Femenina recibe el "encargo" oficial de "movilizar" y "formar" política y socialmente a todas las mujeres españolas, en todas sus edades, niña, joven y adulta, y campos de actuación, trabajo, cultura, deportes, educación, ..., como "misión" exclusiva; de esta forma se convierte en la única organización oficial femenina del Régimen. Acción Católica, integrada por cuatro ramas, masculina y femenina, y a su vez subdivididas en adultos y juventudes, realizaba tareas semejantes a las de la Sección Femenina, pero sin ningún carácter oficial, especialmente en materia educativa, con un sustrato ideológico prácticamente idéntico. (Díez 36)

De este modo, las autoras estudiadas crecieron y vivieron plenamente las ideologías de estas grandes entidades políticas y eclesiásticas, tanto en su niñez, y durante la guerra civil, como en su adolescencia y juventud, durante la posguerra. Obviamente, estuvieran o no de acuerdo estas narradoras con el régimen fascista de Franco en el poder y con la Iglesia Católica que apoyaba al régimen, estas mujeres no pudieron escapar de ser oficialmente educadas como el régimen quería. Sin embargo, y a pesar de tanta influencia negativa para la mujer en esta sociedad androcéntrica, algunas mujeres sobrevivieron a ese bombardeo ideológico, y aunque no lo hicieran abiertamente por culpa de la censura, lo rechazaron.

La lectura y la escritura eran los escapes que tenían estas narradoras para sentirse a gusto, a pesar de las circunstancias, y para mostrar sus inquietudes, sus frustraciones y sus esperanzas. A través de los personajes ficticios de sus obras, hemos podido reconocer esas ansiedades que tenían estas autoras bajo un régimen tan totalitario y limitado como era el del Generalísimo Franco. A través de sus protagonistas, especialmente jóvenes mujeres, hemos visto y apreciado lo injusta que era la vida para estas jóvenes mujeres de la sociedad de la posguerra española. A través de los temas y características que estas autoras desarrollaron en estas obras, y bajo estos contextos históricos, hemos podido ver lo que más les preocupaba a las jóvenes adolescentes de la posguerra: la injusticia de género.

Las tres autoras estudiadas aquí extienden estas características y temas comunes no sólo en estas tres obras, sino en otras más, entre las obras de las tres autoras, y también entre las obras de una misma autora.

Ana María Matute, por ejemplo, repite el tema de la ausencia de la madre en muchas de sus otras novelas y cuentos; y esta orfandad materna casi siempre se ve en los personajes femeninos y masculinos que son todavía niños y/o adolescentes, como en *Pequeño teatro*, en *Fiesta al noroeste*, en *Los Abel*, y por supuesto en las novelas: *Los soldados lloran de noche* y *La trampa*, que continúan la trilogía de *Los mercaderes*, a donde pertenece *Primera memoria*; ya que continúan casi todos los mismos personajes originales.

> Sobre la madre ausente en *Pequeño teatro* dice Riddel:
> Zazu, el personaje principal, es la hija del hombre más rico del pueblo. Huérfana de madre desde la infancia, sus tías han decidido que se case con un marino. Entre tanto aparece en el pueblo Marco, un aventurero que corteja a Zazu. Cuando llega el momento en el que Zazu tendría que optar por entrar en la estructura social o por marginarse de ella partiendo con Marco, decide evadir las dos alternativas y escoge su propia salida suicidándose en el mar. (29)

Zazu, la joven protagonista de esta novela, no ha sido capaz de superar la ausencia de la madre con otro objetivo en su vida y prefiere no vivir. Por lo que es un final muy diferente al de las tres novelas estudiadas aquí, al suicidarse la protagonista.

Carmen Laforet también repite el tema de la madre ausente en otras de sus novelas como en *La isla y los demonios*, en donde la protagonista Marta, una muchacha de dieciseis años vive con su hermano José, la mujer de éste, Pino, y también con su propia madre, pero la madre de Marta es una madre ausente, porque nunca aparece en la novela. La madre de Marta está recluida en una parte de la casa, alejada de todos, debido a que está loca a consecuencia de un accidente de automóvil en el que murió su marido y padre de Marta y José. Marta es prácticamente huérfana de madre desde ese accidente, pues su madre desaparece física y emocionalmente de su educación y de su vida, y Marta pasa a ser criada por su hermano. La protagonista, aunque sabe que su madre está físicamente viva, no la considera parte de su vida, y se cria como una niña y adolescente huérfana de padre y madre. Al final de la novela, la madre de Marta muere finalmente, y la muchacha apenas siente nada por ella. La muerte de su madre será también una liberación para Marta, pues dejará de vivir con su hermano y la mujer de éste que la incomodan, para irse a vivir con su familia paterna en Madrid, bien lejos de su familia y de las islas Canarias donde ha vivido hasta entonces.

De este modo, y a pesar de ver este motivo de la ausencia de la madre repetirse en otras obras de las mismas autoras, hemos considerado que las tres obras elegidas aquí de las tres autoras de la posguerra citadas son, a nuestro entender, las que mejor expresan y desarrollan dicho tema.

Las figuras femeninas de las madres y de las hijas han sido abandonadas un poco por los psicoanalistas clásicos; sin embargo, Marianne Hirsch, en su obra *The Mother/Daughter Plot* hace un excelente estudio de las relaciones entre estas dos figuras femeninas, tan importantes en nuestro estudio también, y en el que afirma, entre otras cosas, que

> (No puede haber un estudio sistemático de la mujer en la cultura patriarcal, ni teoría de la opresión de la mujer, que no tenga en cuenta el papel de la mujer como hija de madres y como madre de hijas, que no estudie la identidad femenina en relación a generaciones de mujeres precedentes y subsecuentes, y que no estudie la relación en el contexto más amplio en que tenga lugar: las estructuras emocionales, económicas y simbólicas de la familia y la sociedad).

Por consiguiente, nosotros estamos totalmente de acuerdo con esta afirmación de Hirsch, y lo hemos mostrado en este estudio al afirmar que las autoras estudiadas aquí no pueden estudiarse sin tener en cuenta el papel que para ellas significaba el ser hijas y el ser madres, durante este período político y socialmente tan injusto para la mujer. Ni tampoco se puede mostrar esa opresión de la mujer en otro contexto más amplio como la situación económica de la familia, las relaciones familiares, y la situación emocional de cada mujer.

La madre ausente, en la vida de las protagonistas de estas novelas, ha sido la manera o mecanismo en que estas autoras han querido mostrar su rechazo al tipo de madre ideal propuesto por el régimen fascista, adoctrinado por la iglesia y llevado a cabo por la Sección Femenina, que mostraba la gran opresión de la mujer en esta cultura. Las protagonistas no tenían madre, para así dejar que la fantasía de estas autoras, y por medio de la de sus protagonistas, mantuviese la imagen de que la madre ausente era la ideal, la rebelde y contraria a la propuesta por el régimen patriarcal y androcéntrico de la época. Y la madre-sustituta, representada por otras figuras femeninas que eran parte de la vida de estas protagonistas, no era más que la madre

oficial que el gobierno y la iglesia querían, patriarcal (o matriarcal
ante la ausencia del hombre), sumisa y obediente al hombre, servicial
y sacrificada por los hijos, y postergada al hogar, y a las limitaciones
que la sociedad de la época dictaba. Al ser la madre-sustituta este tipo
de mujer que las protagonistas (y las autoras) no quería, no resultaba
ningún escándalo moral que las heroínas se rebelasen contra ellas, y
así mantuviesen intacta y devota la imagen de sus idolatradas madres
ausentes.

> De esta forma, a la luz del devenir histórico-socio-cultural ....
> , se seleccionaron novelas y cuentos que revelan: (1), algunos
> de los problemas que padecen los personajes femeninos en
> años, vitales, formativos .... ; (2), las deficiencias de sistemas
> e instituciones apoyados en normas y directrices equívocas
> .... (3), el valor social de los relatos estudiados desde el punto
> de vista que les confiere su función testimonial y .... (4), su
> significado último en cuanto las obras recrean situaciones
> reveladoras de la condición de la mujer en los años que
> precedieron a los de la democratización de todo un sistema
> de vida. (Mayans 193-94)

Así pues, las consecuencias e implicaciones que dejan estas
obras estudiadas, consideradas por algunos novelas de formación,
*Bildungsroman* o novela de concienciación (Ciplijauskaité 34) son muy
importantes para el futuro de la mujer en España; ya que revelan unas
condiciones muy injustas y desiguales para la mujer de la posguerra
y de toda la dictadura franquista que, después de morir Franco en
1975 y con la llegada de la democracia, afortunadamente cambiarán
positivamente. Y a partir de ese cambio histórico-político y social en
España, la posición de la mujer y sus derechos también cambiarán, lo
que afectará directa y/o indirectamente a la obra de muchas mujeres
escritoras españolas, incluso a las autoras aquí estudiadas; las cuales
dejarán de utilizar el tema de la madre ausente en sus obras, como
medio de protesta ante la situación de la mujer española bajo un
régimen autoritario y patriarcal, y empezarán a usar otro tipo de temas
y narrativa, especialmente la narrativa fantástica, como Matute y su
obra *Olvidado rey Gudú*, o Martín Gaite y su obra *El cuarto de atrás*, para
continuar escribiendo sobre lo que más les preocupa y afecta en sus
vidas. O simplemente dejarán de escribir, como Laforet.

Biruté Ciplijauskaité en su obra *La novela femenina contemporánea
(1970-1985)*, hace un estudio de la narrativa de mujeres españolas,
entre los años 1970-1985, que narran en primera persona. En ese

"LA MADRE AUSENTE EN LA NOVELA FEMENINA
DE LA POSGUERRA ESPAÑOLA: PÉRDIDA Y LIBERACIÓN".

163

estudio, Ciplijauskaité habla de la novela de formación, en la que incluye a nuestras tres autoras estudiadas aquí, y cómo ese tipo de novela evoluciona a un tipo de novela de concienciación, que se escribe, principalmente, en la segunda mitad del siglo XX en España, y que incluye a muchas autoras de la posguerra como Ana María Matute, Montserrat Roig y Rosa Chacel, entre otras.

> La evolución de la novela de formación sigue la línea señalada al hablar del desarrollo global de la novela femenina de nuestro tiempo: va desde una escritura que tiene asomos de testimonio, de realismo y de crítica social, es decir, muy bien integrada en el contexto, hacia la investigación interior. Esto es particularmente visible en España si se comparan las novelas tempranas de la posguerra, que son novelas de formación aún más bien tradicionales (*Nada*, de Carmen Laforet .... *Primera memoria* de Ana María Matute) .... El punto de transición, lo representan obras como *Entre visillos*, de Carmen Martín Gaite. (Ciplijauskaité 35-36)

De este modo, estas novelas estudiadas aquí se consideran novelas de formación (o concienciación) porque comparten aspectos de transición de ser una niña a ser una mujer. El darse cuenta de lo que es ser mujer, madurar, la relación entre madre (ausente o presente) e hija, etc. Laforet, Matute y Martín Gaite comparten muchas cosas, al haber nacido y crecido en una época tan socialmente desigual para la mujer, y su manera de mostrar lo que piensan de la posguerra, en la que pasaron de ser niñas a mujeres, lo hacen a través de su narrativa de formación, en donde rechazan lo que les parece injusto para la mujer y madre, a través de presentar unas protagonistas cuyas madres reales están ausentes físicamente; pero cuyas madres ideales están presentes en sus sueños de cómo hubieran sido estas madres si hubieran vivido, y de cómo serán, probablemente, ellas mismas como mujeres y cómo madres en el futuro. Su pérdida maternal será la razón de su propia liberación como mujer de la posguerra.

Es muy significativo para la historia de la literatura femenina de la posguerra el fenómeno literario de que muchas autoras utilicen tan frecuentemente este tema de la "ausencia de la madre" como rechazo de la sociedad androcéntrica en las que les tocó vivir. El hecho de que estas tres grandes escritoras representaran en sus primeras obras literarias al personaje de la hija rebelde y sin madre, nos hace entender mejor las estrategias narrativas de estas mujeres, en particular, y de la literatura femenina de la posguerra española, en general. Viendo y comprendiendo claramente que la ausencia de la madre de las protagonistas es una estrategia narrativa de estas tres autoras de la posguerra para denunciar su inconformidad al papel secundario y sumiso de la mujer con respecto al hombre, en la sociedad española de esta época, los lectores de estas obras comprenderán mucho mejor toda la literatura femenina de la posguerra.

La madre ausente, simbólicamente, es como la madre patria que ha muerto para estas autoras con el final de la Guerra Civil, y por eso se sienten abandonadas, solas y sin que nadie las proteja del mundo dominante del hombre. Por otro lado, la madre sustituta es como el nuevo gobierno dictatorial franquista de la posguerra que, aparentando hacer el papel de buena madre educadora y protectora, nunca será como la verdadera madre amante e ideal, y lo único que conseguirá es que las hijas la odien y rechacen.

Con el paso del tiempo, lentamente, algunas cosas van cambiando favorablemente para las mujeres, y sobre todo después de la muerte del Generalísimo Franco, en 1975. A partir de ese momento, estas tres autoras, y otras muchas más, ya no tienen la necesidad de mostrar su rechazo hacia el gobierno a través de la literatura, pues ya lo pueden hacer abiertamente de otras maneras. Por lo tanto, el tema de la "madre ausente," como rechazo social, en sus obras literarias desaparece como estrategia narrativa. La novela femenina posfranquista utiliza ahora otras estrategias narrativas para mostrar sus inquietudes como mujeres y como escritoras. Como, por ejemplo, la narración en primera persona, la aparición de personajes fantástico o imaginarios, etc. Pues, como bien dice la crítica literaria Biruté Ciplijauskaité:

> una de las características más destacadas de la nueva escritura femenina es la renuncia al enfoque extradiegético u "objetivo" [....] y el esfuerzo de expresar lo interior lo más inmediatamente posible. Reflejar la realidad ya no es lo primordial. El reportaje objetivo desaparece a favor de la vivencia subjetiva.(18)

Así pues, denunciar las injusticias sociales, ya no son un tema tan esencial para estas mujeres, que viven ya en una sociedad democrática, y ahora consideran mucho más importante escribir sobre otros temas más subjetivos y fantásticos.

El concepto de la relación entre madre e hija es ahora, con la democracia, muy diferente al de la época de la posguerra. El personaje

"LA MADRE AUSENTE EN LA NOVELA FEMENINA
DE LA POSGUERRA ESPAÑOLA: PÉRDIDA Y LIBERACIÓN".

165

de la madre ya no tiene necesidad de estar ausente, porque la madre patria ya es más justa y más aceptada por las mujeres. Y la hija ya no tiene necesidad de rebelarse contra la madre-sustituta o gobierno, porque finalmente ya tiene una mejor modelo de madre a seguir.

Es nuestro deseo que el presente estudio haya aportado una nueva visión del sigunificado de la relación entre madres e hijas durante la literatura femenina de la posguerra. La narración literaria fue el medio que usaron estas autoras para denunciar lo que no podían decir de otra manera. Con este estudio, el lector puede entender que la posguerra no fue solamente una época de dictadura política, sino que también fue un matricidio literario a causa de ésta.

# OBRAS CITADAS

Alemany Bay, Carmen. *La novelística de Carmen Martín Gaite.* Salamanca: Diputación de Salamanca, 1990.

Andrews, Jean. "Jane Austen's *Little Inch of Ivory* and Carmen Laforet's *Nada,* What Else Could a Woman Write About?" *Women Writers in 20[h] century Spain and South America.* Ed. Catherine Davies. New York: Edwin Mellen Press, 1993. 13-25.

Bertrand de Muñoz, Maryse. *Guerra y novela. La Guerra española de 1936-1939.* Sevilla: Ediciones Alfar, 2001.

Brown, Joan Lipman. "The Challenge of Martín Gaite's Woman Hero." *Femenine Concerns in Contemporary Spanish Fiction.* Ed. Roberto Manteiga et al. Maryland: Scripta Humanistica, 1988. 86-98.

Ciplijauskaité, Biruté. *La novela femenina contemporánea (1970-1985). Hacia una topología de la narración en primera persona.* Barcelona: Anthropos, 1988.

Chodorow, Nancy. *The Reproduction of Mothering.* Berkeley: University of California Press, 1978.

- - -. *El poder de los sentimientos. La significación personal en el psicoanálisis; el género y la cultura.* Argentina: Paidós, 2003.

Davies, Catherine, ed. *Women Writers in 20[h] Century Spain and South America.* New York: Edwin Mellen Press, 1993.

Díaz-Diocaretz, M. y Zavala, I.M. (ed.) *Breve historia feminista de la literatura español (en lengua castellana). I. Teoría feminista: discursos y diferencias.* San Juan: Anthropos, 1993.

Díez Fuentes, José Manuel. "República y primer franquismo: La mujer española entre el esplendor y la miseria, 1930-1950." Alicante: *Alternativas. Cuadernos de trabajo social, 3.* (octubre, 1995): 23-40.

El Saffar, Ruth. "In Praise of What Is Left Unsaid: Thoughts on Women and Lack in *Don Quijote.*" *Modern Language Notes* 103.2 (1988): 205-22.

Fagundo, Ana María. *Literatura femenina de España y las Américas.* Madrid: Espiral Hispano America, 1995.

Freixas, Laura. *Literatura y mujeres. Escritoras, público y crítica en la España actual.* Barcelona: Destino, 1999.

Gallego Méndez, María Teresa. *Mujer, falange y franquismo.* Madrid: Taurus, 1983.

García Lorca, Federico. *Three tragedies: Blood Wedding, Yerma, Bernarda Alba.* New York: New Directions, 1955.

García Peinado, Miguel. *Hacia una teoría general de la novela.* Madrid: Arco/Libro, 1998.

Gazarian-Gautier, Marie-Lise. *Ana María Matute. La voz del silencio.* Madrid: Espasa Calpe, 1997.

Gilligan, Carol. *In a Different Voice.* 1982. Cambridge: Harvard University Press, 1993.

- - -. *The Birth of Pleasure.* New York: Vintage Books, 2003.

Gullón, Ricardo. *La novela española contemporánea. Ensayos críticos.* Madrid: Alianza Universidad, 1993.

Hirsch, Marianne. *The Mother/Daughter Plot.* Bloomington: Indiana University Press, 1989.

Icaza, Carmen. *Cristina Guzmán, profesora de idiomas.* Barcelona: Juventud S.A., 1936.

Illanes, Graciela. *La novelística de Carmen Laforet.* Madrid: Gredos, 1971.

Ilie, Paul. *Literatura y exilio interior.* Madrid: Espiral. Edidorial Fundamentos, 1981.

Jiménez, Encarnación. "La mujer en el franquismo. Doctrina y acción de la Sección Femenina". *Tiempo de Historia* 83. (Oct. 1981): 5-15.

Jiménez, Juan Ramón. "Leyenda." *La realidad invisible (1917-24).* Ed. A. Sánchez Romeralo. Madrid: CUPSA, 1978.

Jiménez, Mercedes. *Carmen Martín Gaite y la narración: Teoría y práctica.* New Jersey: Sluga, 1989.

Kronik, John. "A Splice of Life: Carmen Martín Gaite's *Entre Visillos.*" *From Fiction to Metafiction: Essays in Honor of Carmen Martin-Gaite.* Nebraska: Ed. Servodidio, Mirella and Marcia L. Welles. Society of Spanish and Spanish-American Studies, 1983: 49-60.

Laforet, Carmen. *La isla y los demonios.* Barcelona: Ediciones Destino, 1977.

- - -. *Nada.* Barcelona: Ediciones Destino, S.L., 1946.

"LA MADRE AUSENTE EN LA NOVELA FEMENINA
DE LA POSGUERRA ESPAÑOLA: PÉRDIDA Y LIBERACIÓN".

169

Lehtonen, Mikko. *The Cultural Analysis of Texts*. London: Sage Publications, 2000.

López, Francisca. *Mito y discurso en la novela femenina de Posguerra en España*. Madrid: Editorial Pliegos, 1995.

Machthild, Albert. "La Bestia y el Angel." *Imágenes de las mujeres en la novela falangista de la Guerra Civil. Las mujeres y la Guerra Civil española*. Madrid: Cátedra. Instituto de la Mujer, 1991.

Mangini, Shirley. *Memories of Resistance. Women's Voices from the Spanish Civil War*. New Haven: Yale UP, 1995.

Manteiga, Roberto, et al. *Feminine Concerns in Contemporary Spanish Fiction*. Potomac, Maryland: Scripta Humanistica, 1988.

Martín Gaite, Carmen. *El balneario*. Madrid: Alianza Editorial, 1968.

- - -. *El cuarto de atrás*. Barcelona: Destino, 1978.

- - - *Desde la ventana*. Madrid: Colección Austral, Espasa Calpe, 1987.

- - - *Entre visillos*. Barcelona: Ediciones Destino, 1958.

- - - *Usos amorosos de la postguerra española*. Barcelona: Compactos Anagrama, 1987.

Martinell Gifre, Emma. *Carmen Martín Gaite*. Madrid: Instituto de Cooperación Iberoamericana, 1993.

Matute, Ana María. *Los Abel*. Barcelona: Destino, 1971.

- - - *Fiesta al noroeste*. Madrid: Cátedra, 1997.

- - - *Olvidado rey Gudú*. Madrid: Espasa Calpe, 1998.

- - - *Pequeño teatro*. Barcelona: Editorial Planeta, 1954.

- - - *Primera memoria*. Barcelona: Ediciones Destinos, 1973.

- - - *Los soldados lloran de noche*. Barcelona: Destino, 1972.

- - - *Todos mis cuentos*. Barcelona: Lumen, 2000.

- - - *La trampa*. Barcelona: Destino, 1969.

Mayans, M.J. *Narrativa feminista española de posguerra*. Madrid: Editorial Pliegos, 1991.

Moi, Toril. *Teoría literaria feminista*. Madrid: Cátedra, 1999.

Nichols, Geraldine C. *Des/cifrar la diferencia. Narrativa femenina de la España contemporánea*. Madrid: Siglo Veintiuno de España Editores, 1992.

Ordóñez, Elizabeth J. *Voices of Their Own. Contemporary Spanish Narrative by Women*. Lewisburg: Bucknell University Press, 1991.

Pérez, Janet W., ed. *Novelistas femeninas de la posguerra española*. Madrid: Studia Humanitatis, 1995.

Rico, Francisco. *Historia y crítica de la literatura española. Epoca contemporánea: 1939-1985*. Barcelona: Crítica, 1999.

Riddel, María del Carmen. *La escritura femenina en la postguerra española*. New York: Peter Lang, 1995.

Roberts, Gemma. *Temas existenciales en la novela española de postguerra.* Madrid: Editorial Gredos, 1973.

Rodríguez, María Pilar. *Vidas Im/propias. Transformaciones del sujeto femenino en la narrativa española.* West Lafayette, Indiana: Purdue UP, 1999.

Sanz Villanueva, Santos. *Historia de la literatura española. 6/2 Literatura Actual.* Barcelona: Ariel, 1984.

Sartre, Jean Paul. *L' être et le néant.* Paris: Gallimard, 1943.

--- *La nausée.* Paris: Gallimard, 1938.

Schyfter, Sara. "La mística masculina en *Nada,* de Carmen Laforet." *Novelistas femeninas de la posguerra española.* Ed. Janet Pérez. Madrid: Studia Humanitatis, 1995.

Servodidio, Mirella and Marcia L. Welles. *From Fiction to Metafiction: Essays in Honor of Carmen Martin-Gaite.* Potomac, Nebraska: Society of Spanish and Spanish-American Studies, 1983.

Showalter, Elaine, ed. *The New Feminist Criticism. Essays on Women; Literature, Theory.* New York: Pantheon Books,1983.

Sinués de Marco, Maria Pilar. *El ángel del hogar. Obra moral y recreativa dedicada a la mujer.* Madrid: Imprenta y Esteriotípia Española de los Señores Nieto, 1859.

Sobejano, Gonzalo. *Novela española contemporánea. 1940-1995.* Madrid: Mare Nostrum Comunicación, 2003.

Soldevila Durante, Ignacio. *Historia de la novela española (1936-2000).* Volumen I. Madrid: Cátedra, 2001.

Spires, Robert C. *La novela española de posguerra.* Madrid: Planeta/ Universidad, 1978.

Wilcox, John C. *Women Poets of Spain, 1860-1990. Toward a Gynocentric Vision.* Urbana: University of Illinois Press, 1997.

Woolf, Virginia. *A Room of One's Own.* New York: Harcourt, Brace and World, 1929.

# VITA

Guadalupe María Cabedo was born in Villarreal-Castellón, Spain. Cabedo graduated from the University of Valencia, Spain, in 1985 with a degree in Romance Philology. Cabedo taught Spanish, French and English at a high school in her home town for three years before moving to United States, where she taught French and Spanish at an American high school in Nauvoo, Illinois. She worked for three years at Carthage International College before relocating to Macomb, Illinois, to pursue graduate study in bilingual education at Western Illinois University; and to teach Spanish to undergraduate students. She completed a Master of Science in Education from Western Illinois University in 1995. Following that degree, she studied and completed a Ph.D. degree in Spanish Literature, at the University of Illinois Urbana-Champaign, in 2004. Cabedo continues working at Western Illinois University, where she is, at the present time, an associate professor at the department of Foreign Languages and Literature.